世界哲學家叢書

科　　傅

于奇智　著

1999

東大圖書公司印行

國家圖書館出版品預行編目資料

傅科／于奇智著．--初版．--臺北市：
東大，民88
　　面；　公分．--（世界哲學家叢書）
參考書目：面
ISBN 957-19-2297-8（精裝）
ISBN 957-19-2298-6（平裝）

1.傅科（Foucault, Michel)-學
術思想-哲學

146.79　　　　　　　　　　88011650

網際網路位址　http://www.sanmin.com.tw

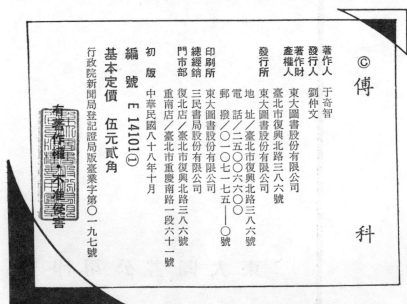

© 傅　科

著作人　于奇智
發行人　劉仲文
產著作財權人　東大圖書股份有限公司
發行所　東大圖書股份有限公司
　　　地址／臺北市復興北路三八六號
　　　電話／二五○○六六○○
　　　郵撥／○一○七一七五——○號
印刷所　東大圖書股份有限公司
總經銷　三民書局股份有限公司
門市部　復北店／臺北市復興北路三八六號
　　　重南店／臺北市重慶南路一段六十一號
初版　中華民國八十八年十月
編號　E 14101①
基本定價　伍元貳角
行政院新聞局登記證局版臺業字第○一九七號

有著作權·不准侵害

ISBN 957-19-2297-8（精裝）

過到目
特，包
；難
等的
月

哲學家叢書」總序

書的出版計畫原先出於三民書局董事長劉振強先生多年來
想，曾先向政通提出，並希望我們兩人共同負責主編工作。一
八四年二月底，偉勳應邀訪問香港中文大學哲學系，三月中旬順
道來臺，即與政通拜訪劉先生，在三民書局二樓辦公室商談有關叢
書出版的初步計畫。我們十分贊同劉先生的構想，認為此套叢書（預
計百冊以上）如能順利完成，當是學術文化出版事業的一大創舉與
突破，也就當場答應劉先生的誠懇邀請，共同擔任叢書主編。兩人
私下也為叢書的計畫討論多次，擬定了「撰稿細則」，以求各書可循
的統一規格，尤其在內容上特別要求各書必須包括（1）原哲學思
想家的生平；（2）時代背景與社會環境；（3）思想傳承與改造；
（4）思想特徵及其獨創性；（5）歷史地位；（6）對後世的影響
（包括歷代對他的評價），以及（7）思想的現代意義。

　　作為叢書主編，我們都了解到，以目前極有限的財源、人力與
時間，要去完成多達三、四百冊的大規模而齊全的叢書，根本是不
可能的事。光就人力一點來說，少數教授學者由於個人的某些困難
（如筆債太多之類），　不克參加；因此我們曾對較有餘力的簽約作
者，暗示過繼續邀請他們多撰一兩本書的可能性。遺憾的是，此刻
在政治上整個中國仍然處於「一分為二」的艱苦狀態，加上馬列教

條的種種限制，我們不可能邀請大陸學者參與撰寫工作。不□
前為止，我們已經獲得八十位以上海內外的學者精英全力支□
括臺灣、香港、新加坡、澳洲、美國、西德與加拿大七個地區□
得的是，更包括了日本與大韓民國好多位名流學者加入叢書作□
陣容，增加不少叢書的國際光彩。韓國的國際退溪學會也在定期
刊《退溪學界消息》鄭重推薦叢書兩次，我們藉此機會表示謝意。

　　原則上，本叢書應該包括古今中外所有著名的哲學思想家，但
是除了財源問題之外也有人才不足的實際困難。就西方哲學來說，
一大半作者的專長與興趣都集中在現代哲學部門，反映著我們在近
代哲學的專門人才不太充足。再就東方哲學而言，印度哲學部門很
難找到適當的專家與作者；至於貫穿整個亞洲思想文化的佛教部門，
在中、韓兩國的佛教思想家方面雖有十位左右的作者參加，日本佛
教與印度佛教方面卻仍近乎空白。人才與作者最多的是在儒家思想
家這個部門，包括中、韓、日三國的儒學發展在內，最能令人滿意。
總之，我們尋找叢書作者所遭遇到的這些困難，對於我們有一學術
研究的重要啟示（或不如說是警號）：我們在印度思想、日本佛教
以及西方哲學方面至今仍無高度的研究成果，我們必須早日設法彌
補這些方面的人才缺失，以便提高我們的學術水平。相比之下，鄰
邦日本一百多年來已造就了東西方哲學幾乎每一部門的專家學者，
足資借鏡，有待我們迎頭趕上。

　　以儒、道、佛三家為主的中國哲學，可以說是傳統中國思想與
文化的本有根基，有待我們經過一番批判的繼承與創造的發展，重
新提高它在世界哲學應有的地位。為了解決此一時代課題，我們實
有必要重新比較中國哲學與（包括西方與日、韓、印等東方國家在
內的）外國哲學的優劣長短，從中設法開闢一條合乎未來中國所需

求的哲學理路。我們衷心盼望，本叢書將有助於讀者對此時代課題的深切關注與反思，且有助於中外哲學之間更進一步的交流與會通。

最後，我們應該強調，中國目前雖仍處於「一分為二」的政治局面，但是海峽兩岸的每一知識分子都應具有「文化中國」的共識共認，為了祖國傳統思想與文化的繼往開來承擔一分責任，這也是我們主編「世界哲學家叢書」的一大旨趣。

傅偉勳　韋政通

一九八六年五月四日

自　序

　　1987年10月，在上海外國語學院出國培訓部，我開始了十分緊湊的法語學習，班上其他同學都在忙於寫信給法國的大學聯繫導師，有的同學很快便有了法國大學的接受函，而我還在邏輯學與歐洲哲學間徘徊。學邏輯學是繼續我的專業，學歐洲哲學則是另闢天地。為了填表，我也開始查閱資料，當時有一個基本動機是想師事名流大家，邏輯學方面沒什麼資料，也就沒有發現法國邏輯界大師的名字；在翻閱資料的過程中看見了一串當代法國哲學家的名字：傅科、列維、里柯……，其中傅科已逝，列維不在大學工作，里柯健在，且為巴黎第十大學教授。我給里柯去了一封信，里柯很快回音告訴我他已退休，不再帶研究生，但表示非常願意在巴黎接待我並以他個人的名義指導我的哲學學習，我既失望又高興。我雖沒作成他們的弟子，但第一次知道了他們的大名，並與他們有了初次「交往」。這次拜師失利使我在法語學習上用功更勤，以便將來學名流之思，與大師對話。到了法國再聯繫大學及導師或服從調配，隨遇而安。

　　1988年6月底，我隨其他留法同學乘機到了巴黎，後又「兵」分數路，各奔東西南北中。我們幾個學文科的南下參加普羅旺斯大學暑假法語學習。9月開始專業法語學習。9月5日早上八點左右，在校方的安排下，我去哲學系跟曼(Nguyen Van Philippe Minh)先生

學哲學專業法語。我和曼先生幾乎同時到達系認識論研究班資料室。我們進了資料室，室內有豐富的藏書，米黃色的窗簾還沒拉開，但陽光從窗簾的幾條縫隙直射進來，其中有一道光剛好照在一本書上。我還不知曼先生選用什麼教材，正發愁時，他已把被陽光照著的那本書遞給了我，這本書就是傅科(Michel Foucault)的 *Les Mots et les Choses*（《詞與物》）。曼先生說，這是傅科的代表作，使傅科在歐洲思想界一舉成名，他建議我致力於研究傅科哲學，並願意為我在本系找一位知名教授作導師。那天，我們一起讀了《詞與物》序言的開頭，我還似懂非懂，但已對傅科思想產生興趣。這是因為序文一開始就援引了清朝李汝珍的長篇小說《鏡花緣》關於動物的分類，初步異域，只要發現與中國有關的東西就深感親切；又因為有老師曼先生的善良建議、悉心輔導與平等對談；以及傅科的文筆多姿多彩，思想博大精深，方法獨特新穎。現在想來，我選擇傅科哲學，這三條原因缺一不可，無疑起了決定作用。後來，法國教育部把我分配到里昂大學哲學系學習，我堅持不去，並以這三條理由留了下來。在與曼先生一起讀《詞與物》的同時，我從校圖書館借回里柯 (Paul Ricœur)的 *De l'Interprétation: Essai sur Freud*（《解釋：論弗洛伊德》），此書於我，難度不亞於傅科的《詞與物》。我根本沒有讀懂里柯，為里柯花去的日日夜夜白費了，而在曼先生的指導下對傅科稍解其義，進步日漸明顯，已迷戀於傅科這部著作了。

經曼先生引薦，9 月 14 日上午，我與康德專家韋爾納(Paule-Monique Vernes)教授在她的教研室會見。由於我對《詞與物》和《知識考古學》認真讀了一遍，有了一些交談基礎，原定半小時的會見，結果成了兩個小時的師生討論。韋爾納教授欣然接受我作弟子，不久註冊而正式成為普羅旺斯大學哲學系的研究生。會見快結束時，

韋爾納教授要求我認真反覆研讀傳科的所有原著，碩士和博士論文題目自擬，兩個半月後相見並提交碩士論文題目、研究傳科哲學的基本書目（知識結構）和《詞與物》概要。會見前忐忑不安，會見後十分神氣。

從此，我開始了漫長的傳科哲學研究。1989年11月下旬以論文《傳科論說理論》獲得碩士學位(DEA)。韋爾納教授認為我已有能力繼續研究傳科，於是我又重讀傳科著作。我仍在韋爾納教授指導下做博士論文。1990年11月16日，我為博士論文擬了兩個題目：*Epistémè chez M. Foucault*（《傳科知識圖式論》）和 *La Mort de l'Homme*（《人的死亡》），後來就此二題徵求曼先生和韋爾納教授的意見時，他們都建議合二為一，即 *Epistémè chez M. Foucault ou la mort de l'homme*（《傳科知識圖式論——人的死亡》）。

《傳科知識圖式論——人的死亡》，我完成得很艱辛。做碩士論文時，傳科的大多數著作和論文都只是瀏覽，對所開書目更是如此。做博士論文時，韋爾納教授對我提出了十分嚴格的要求：精讀傳科幾部力作和所列書目（還增加了一些書目），泛讀傳科的其他著作及文章和有關傳科的評論著述。三次遞交文稿，三次被打回。屢次「失敗」，反覆閱讀，我清楚地認識到，知識考古學方法是自解的，即可用《知識考古學》來解讀《詞與物》。這篇論文探析了傳科知識圖式、人文科學與人類經驗，認為「人的死亡」是人類精神在近代知識圖式裡的毀滅，人並沒有成為人文科學的真正中心主題，提出了知識考古學與傳統思想史相異而並存的思想。第四次終於順利過了導師的關。這篇論文是在法國南部十分僻靜的鄉村城堡(Riperte)裡完成的。那孤獨、那苦衷，現在想起來相當可怕；另一方面又得到了城堡主人埃爾曼(Françoise Hellmann)和于德洛(Christian Hudelot)

的熱情幫助，生活閒逸闊綽，至今我還極其留戀這種環境。這城堡及其主人給我的生活與寫作帶來了意想不到的幸福和好處。提交論文之後，該為答辯作準備了。論文答辯獲得巨大成功，超出了我本人、導師、答辯委員會成員和四十多位聽者的想像。當初研究傅科的苦頭轉化成了後來的甜頭，我也更加明白了導師指導之勤之嚴的真正意圖。遺憾的是，該論文還以法文形式擺在我的書架上，至今不為國內讀者所了解。我現在沒功夫去把它改寫成中文，同時，也懷疑自己是否真正理解了傅科。在改寫之前，還是慎重些好。

1993年夏從法國回來的一年裡，我得以好好休息。因長期困讀而感到很累。事實上，更為重要的原因是，我又一次面對著「往那裡走」的困惑。也許長久「疲於」研究傅科，回國後「愛心」他移，如胡塞爾、維根斯坦、金岳霖、馮友蘭、德勒茲等（或開課，或演講，或作文），以尋「新的歡樂和刺激」，一輩子「鍾情於」傅科，不是容易的事，可是經過胡塞爾等人之後，又回到了傅科，曾經專門為研究生開設了「傅科哲學」課程。至今發表了幾篇討論傅科哲學的文章，如〈走向當代的近代監禁〉、〈傅科人論之分析〉、〈尋找新方法〉、〈傅科及其生平、著作和思想〉、〈理解與誤解：傅科在中國〉、〈試論傅科的人文科學考古學〉等。這說明傅科還是頗有魅力的。

傅科哲學是法國五〇年代之後科學哲學潮流之一。法國科學哲學主要體現在以下幾個方面：科學史、邏輯哲學、數學物理學哲學、生物科學哲學及人文科學哲學等。除傅科外，還可數出一大批當代法國科學哲學的代表人物：巴歇拉爾、貝拉瓦爾、布朗歇、康吉漢、科斯塔貝爾、達戈涅、多馬、吉爾、格朗熱、夸雷、列維－斯特勞斯、馬爾丹、梅洛－龐蒂、塔通、維伊曼等。他們在這一領域取得

了相當大的成就。傅科哲學具有歷史的厚實性。當然，不能因此斷定傅科科學哲學是歷史主義的，相反，傅科正是在科學史（基本歷史性）的背景中運用考古學和系譜學批判歷史的連續性和科學理性，彰顯被科學史掩蔽的歷史間斷性和非理性，努力使人們的注意力從正常現象轉移到奇異現象，從歷史學論說轉向考古學論說和系譜學論說。奇異現象（奇異經驗），是科學史和正統科學哲學所空缺的主題，還有許多我們從沒見過的東西，對這種東西的探索正是傅科哲學的魅力所在。傅科科學哲學是反歷史主義的，是考古主義的和系譜主義的，不同於庫恩歷史主義科學哲學。可以說，傅科按照自己獨特的構想創立了新的科學哲學流派：考古主義科學哲學和系譜主義科學哲學，或者說，傅科哲學是科學哲學中的傅科主義。「奇異現象」主題研究、考古學方法與系譜學方法，是傅科哲學的三大貢獻。傅科主義深受自己獨特的方法論（考古學和系譜學）支配，因此，我們可將傅科哲學發展分成兩個時期：考古學時期和系譜學時期。考古學時期包括心理學哲學時期、醫學哲學時期、文學哲學時期、人文科學哲學時期和考古學總結時期；系譜學時期包括權力哲學時期和倫理哲學時期。

怎樣才算接近了傅科而不是離他更遠？這一問題使我不知所措。本書對傅科哲學不可能一覽無遺，理解過程必是斷「章」取「義」式的。即使是傅科全部著作的翻譯，也絕不可能取得他完全的認可，研究論文更是如此。當然最好的辦法是直接閱讀其法文原著。一切理解都只是相對接近原作者。理解的過程實際上是使原著變形而發生誤解的過程。中國學者對傅科產生誤解的來源，主要是外國的評論家和研究者對傅科的誤解。因此，要澄清中國傅科評介者的誤解，必須首先清理外國研究者的誤解。只要清除誤解來源，產生於誤解

基礎上的進一步誤解就自動站不住腳了。當然還有一面，中國學者的誤解也來源於對傅科原作、英譯本或根據英譯本轉譯的漢譯本的閱讀，這裡發生了理解性困難。這種誤解與前者不同，或更深刻，或更合理，這種誤解更難以消除。深刻而合理的誤解，也許與準確的理解一樣，亦是文化發展的通行規則。每位讀者都應保持獨立自由和我行我素的品格。有多少讀者就有多少「傅科」，這麼多「傅科」是原本的傅科生產出來的。傅科閱讀尼采，尼采就成了「傅科式的尼采」，尼采被他（傅科）「化」了，或者說，傅科和尼采「談戀愛」，「結婚」，直到「生育」「新嬰兒」，這是一個相當明顯而典型的例證。至關重要的是讀者要對作者（如傅科）的「生活」及其「思想」知道甚多，認識充分。在中國學者的筆下，傅科無疑被漢化了，但每位傅科專家心中的傅科形象又是有差異的。

　　我目前所從事的幾個重大課題都與傅科有關，這是一個十分廣闊而大有作為的天地。回想起來，我這十年間，久遊異域，攻習法文，苦讀傅科，譯其名著，始解其義，唯靠傅科以思無涯之學，以活有限之命。不過，我作為一個中國人，應當關心自己的民族文化問題，對傅科的治學方法作些創造性改造，致力於中西文化的融合與會通，使中國當代學術達到一個新的水平。只有堅持「批判借鑒、洋為中用」的原則，當代西學研究才會真正有益於中國，才算得完成了「向歐洲學習」的使命。

于奇智
一九九九年八月十日於廣州

傅 科

目 次

第一章　傅科生平與著述

　　〈自序〉談到了筆者個人研習傅科的簡單經歷。讀者通過筆者的經歷來把握傅科還是非常間接的，那麼，不應放棄直接理解或相對直接理解傅科的願望和要求。為了實現這一願望，達到這一要求，我們完全有必要通過傅科的生平和著述，重步其思想道路，來到他的「身邊」，作一次精神漫遊，進而探尋傅科的思想進程和學術主題，會大大有助於我們進入傅科哲學的核心，把握其精神，會為我們提供接近他而不是遠離他的最大可能性。

一、童年時代

　　普瓦提埃(Poitiers)古城，坐落在一望無際的法國西部平原上，美麗的克南河(Clain)流經這裡。早在一千多年前，這兒的先民就創造了燦爛的昂熱哥德式建築文化和輝煌的普瓦圖羅馬建築文明。七、八世紀的聖皮爾(Saint-Pierre)大教堂與聖母大教堂，今天依然矗立在普瓦提埃城內。河水清清，風光綺麗，地靈人傑。1926年10月15日，米歇爾‧傅科(Michel Foucault)便出生在這個地方，並在此度過了他的童年、少年時代。

　　父親保爾‧傅科(Paul Foucault)是當地有名的外科醫生和醫科

大學教授，與當地一位外科醫生馬拉佩爾(Malapert)的女兒安娜·
馬拉佩爾(Anne Malapert)結婚。他們生有三個孩子：女兒弗朗西娜
(Francine)、兒子保爾 (Paul) 和德尼 (Denys)。米歇爾·傅科原名保
爾·傅科，傅氏家庭有給長子取與其父親相同名字的習慣。傅科的
母親為他取了一個別名：米歇爾，於是人們叫他保爾－米歇爾。今
天，當傅科的全家人憶起他時，還叫他保爾－米歇爾。父親醫術精
湛，醫業興隆。母親聰明賢淑。他們在旺德弗爾(Vendeuvre)擁有漂
亮的別墅、土地和農場，離普瓦提埃不遠。家裡有保姆、廚師和司
機。生活閒逸闊綽。傅科夫人主張孩子自我管理，鼓勵他們選擇愛
讀的書籍。她從不帶孩子們到教堂做禮拜，而由她母親帶他們去教
堂。保爾－米歇爾在教堂作過一段時間的侍童。

　　米歇爾·傅科剛過三歲就上了普瓦提埃的亨利四世中學。這所
中學是公立的，招收學前班。傅科是該校最幼小的學生，坐在學前
班最後一排，兩年後便升入小學一年級。到1936年，他讀完了小學，
繼而進入本校初中班。

二、少年時代與高中生活

　　第二次世界大戰期間，傅科所在的普瓦提埃和法國其他地方一
樣，未能逃脫戰爭的劫難，被德軍占領至1944年9月。人們慘遭空
襲之苦，很多人成了戰爭的犧牲品。由於普瓦提埃亨利四世中學校
長腦病發作而無力管理學校，戰亂不休，傅科的學習成績不斷下降，
因此，1940年他離開了這所學校，轉到聖斯塔尼斯拉教會高級中學。
這所中學並不是全法第一流的。另一所教會中學條件優越得多，名
叫聖約瑟夫高級中學，專門招收當地大資產階級和貴族的子弟。聖

斯塔尼斯拉教會高級中學接收大商人和小工業者的子女，教學質量遠不如前者。

傅科轉入該中學時，正值1940年9月，德國軍隊侵占普瓦提埃城已有數週了。在這裡，傅科得到一位歷史教師的賞識，這位教師是鄉村神甫，學問淵博。聽他的課是一種享受，傅科尤其感興趣。

傅科在聖斯塔尼斯拉度過高中生活。他的學習成績優異，如在高一時，拉丁文學和歷史獲得全班第一，法國文學史、希臘語、英語和拉丁語法譯練習取得第二，法語作文是第三。班上有位同學總是名列於他前面，名叫皮埃爾·里維葉爾(Pierre Rivière)。傅科和他關係非常密切，彼此視為知己。傅科成為當代國際思想大師，里維葉爾現為法國行政法院成員。三十二年後，傅科出版了《我，皮埃爾·里維葉爾殺害了我的母親、姐妹和兄弟……》(*Moi, Pierre Rivière, ayant égorgé ma mère, ma sœur et mon frère...*) 一書，以紀念他們之間的友誼。他倆與昂熱天主教大學教授、修道院院長埃格蘭(Aigrain)過往甚密。埃格蘭教授十分愛護學生，擁有豐富的藏書，特別是歷史和哲學書籍，傅科和里維葉爾在他家閱讀了大量課外讀物。傅科從此喜歡歷史，酷愛哲學，這為他未來的歷史哲學研究道路打下了堅實的基礎。

1942年，傅科開始學習哲學。哲學教授皮埃羅(Dom Pierrot)善於講解教程，課後很熱心和學生交談。課程結束後，青年傅科常與其談論柏拉圖 (Plato，前 427– 前 347)、笛卡兒 (René Descartes, 1594–1650)、巴斯噶 (Blaise Pascal, 1623–1662)、柏格森 (Henri Bergson, 1859–1941)……。他迷戀上了哲學，並深入鑽研歷代哲學名典。對於哲學，傅科擁有一種超然的頓悟。他母親異常興奮，很快為他找到了一位大學二年級學生吉拉爾(Louis Girard)作老師。吉

拉爾是學哲學的，熟知康德(Emmanuel Kant, 1724–1804)，於是傅科了解了康德其人其書和他的思想。學年考試後，傅科的哲學成績是全班第二，第一名是皮埃爾·里維葉爾，不過，傅科的歷史、地理、英語和自然科學等課程都取得第一名。

在傅科的中學時代，戰爭給人類帶來毀滅性摧殘，不少教師被德軍流放，學生們必須高唱德國歌曲，有的學生被捕，學校秩序遭受嚴重破壞。戰地陣亡慘不忍睹。傅科受到極大刺激。無時無地沒有死神在威脅，人類歷史如此悲慘。傅科八歲時，奧地利總理陶爾斐斯(Engelbert Dollfuss, 1892–1934)被納粹分子刺死。這使傅科第一次產生了「死亡」恐懼。早在聖斯塔尼斯拉教會高級中學時代，傅科就決定了他的學業興趣：歷史哲學。傅科決心致力於歷史問題研究，這不是沒有道理的。

他在1942年6月和1943年6月分別通過法語、拉丁語、希臘語與歷史、自然科學、哲學兩部分的中學畢業會考。會考後，他父親希望他從醫，以承父業，但傅科醉心於歷史、文學甚至哲學。他父親深感失望，母親卻勸他父親不必強求他選擇某種職業，父親才放棄了自己的願望。

三、求學巴黎

為準備競考巴黎高等師範學校，1945年，正當錦瑟年華的傅科踏上了「花都」——巴黎——之路。到巴黎後，他上了巴黎亨利四世中學，成為高師文科預備班的學生。首都巴黎這個歐洲文明的中心，讓他大開眼界，這是他人生的一個重要轉折點。第二次大戰剛剛結束，法國的經濟崩潰，科技落後，人丁不旺，法國人面臨著重

建國家、苦度難關的困境。

　　傅科到了巴黎，但並沒有割斷與故鄉普瓦提埃的聯繫。他常常回家看望父母。傅科不太愛他父親，因為他父親工作忙碌，很少關心傅科及其姐姐和弟弟，與兒女關係疏遠。然而，傅科與他母親的關係十分密切。直到1959年，父親過世，母親才搬到旺德弗爾別墅居住。每年8月，傅科都來此看望母親。每逢聖誕節或春天，也來這兒小住。不少作品都是在母親家完成的。大部分時候都是獨住，偶有朋友同來。巴爾特(Roland Barthes, 1915–1980)曾經和傅科來過這裡。1982年，傅科打算在離旺德弗爾不遠處購置一幢房子，並與弟弟一起騎著自行車參觀了附近所有要賣的房子。最後看中了位於維呂(Verrue)的一座磚石結構的房子，是一處神甫居所，相當漂亮。「維呂神甫居所」，引得傅科大笑。他決定把它買下，且作必要的準備。可惜，沒能享用就離開了人間。這與巴爾特、列維－斯特勞斯(Claude Lévi-Strauss, 1908–　)考察巴西原始部落，以及列斐伏爾(Henri Lefebvre, 1901–　)回到故鄉阿熱莫(Hagetmau)一樣，也與許多法國人一樣，傅科不單是重遊故里，返歸自然，而且是為了重構與家鄉的關係。尋找個人的過去，進而重新構築歷史學的長城。

　　巴黎亨利四世中學，位於拉丁區聖艾蒂安杜蒙教堂附近，是全法最好的中學之一，招收巴黎高師文科預備班的高材生。這裡擁有雄厚的師資力量，當時法國新黑格爾主義者伊波利特 (Jean Hyppolite, 1907–1968)就在該校執教，講解黑格爾(G. W. F. Hegel, 1770–1831)《精神現象學》和笛卡兒《幾何學》，深得學生愛戴和尊敬。伊波利特與沙特(Jean-Paul Sartre, 1905–1980)和梅洛－龐蒂(Maurice Merleau-Ponty, 1908–1961)，是在巴黎高師時的同學，後來皆成為法國哲學界的顯赫人物。傅科在巴黎亨利四世中學深得伊

波利特的器重，受益頗多。伊波利特對傅科產生了長久性影響。1963年，伊波利特任法蘭西學院教授，講授哲學思想史，1968年死後，由傅科接替了他的教職而成為其繼承者。傅科於1960年完成博士論文《癲狂與非理性——古典時代癲狂的歷史》❶之時，為了表達對老師的敬意，請了伊波利特和康吉漢 (Georges Canguilhem, 1904-　)評閱論文或擔任答辯委員會委員。1970年12月2日的就職演說中，傅科又一次表達了他對伊波利特的感恩之情。

1946年夏，傅科以優異成績取得參加巴黎高師哲學口試的資格。這年七月的一天，他和其他考生一起到于爾姆街(Rue d'Ulm)的高師參加口試。主考官是圖盧茲文學院哲學教授蘇爾 (Pierre-Maxime Schuhl)和斯特拉斯堡文學院科學史教授康吉漢。後者是法國大學教授中的權威人物，身材瘦小，性情暴躁，說話帶著南方口音，雙目炯炯有神。傅科還是第一次見到他，後來這位教授成了傅科博士論文的導師。尚不滿二十歲的傅科，內心激動萬分，對教授們的提問對答如流。結果以第四名的優異成績考取了巴黎高師，同年秋天成了高師學生，終於實現了他的美好理想。

傅科跨進高師大門，開始了全新的生活，但他難以忍耐這種生活，因為他十分孤獨、總是獨來獨往、好爭執、很難與人相處。他常常將自己與世隔絕，即使偶爾與同學開玩笑，也是冷峻的；喜歡嘲笑和譏諷同伴；易生氣並與人人都發生爭執。這是眾所周知的。今天流傳著許多有關傅科癲狂和同性戀的軼事。❷一天，一位高師

---

❶　本書在臺灣已有中譯本，譯作:《古典時代瘋狂史》，臺北: 時報，1992年。

❷　參見Didier Eribon, *Michel Foucault* (《米歇爾·傅科》), 1989, Paris: Editions Flammarion, pp. 43–44。

教師發現傅科躺在教室地板上抓破自己的胸膛。另一次，在黑夜裡，他手持水果刀追逐他的一位同學。巴黎高師生活，傅科過得很苦，不僅受困於「癲狂」和「同性性慾」，而且在1948年12月和1950年6月17日曾兩次想自殺。為此，傅科住進了一家精神病醫院。後來讓他住進了高師診療所病房，得以靜心學習。他在準備法國大學教師學銜考試和上課期間，也住過這間病房。最糟的事，是傅科有同性戀的傾向，經常出現在同性戀者狎行的地方，愈陷愈深，最終不能自拔，因絕望而起輕生之念。在那個年代，人們過同性性慾生活，是舉步維艱的。

在研習哲學的同時，為了弄清他的私生活，傅科對心理學、精神分析和精神病學產生了極其濃厚的興趣。他父親帶他去巴黎聖安娜精神病醫院實習，還獲得心理學學士學位和巴黎心理學研究所心理病理學文憑。傅科在聖安娜醫院鑽研了兩年多心理學理論。據傅科講，五〇年代初，心理學的作用在精神病院還未能得到重視。❸他成了醫生和病人間的居間人，並且得到了良好的訓練，積累了大量第一手材料和豐富的經驗。後來他寫了一本關於精神病的書。癲狂和同性性慾，時常困惑著傅科，當然奠定了他以後學術生活的基本道路與理論核心。他因而作《癲狂與非理性》和《性慾史》。看來，他所研究的那些「特殊領域」，並非無病呻吟，而是他生活的真切反照。他不愧屬於那種用生命書寫的人，用生命構築了理論長城。所以，在某種意義上講，他的「活」與「思」是合一的，只要理解了傅科的生活，便能基本上澄清其思想之謎。

傅科到高師那年，哲學輔導教師是居斯多爾(Georges Gusdorf)，

---

❸　參見 La CFDT, *Michel Foucault*（《米歇爾・傅科》），1985, Paris: Editions Syros, p. 109。

這位教師是專治歐洲思想史的，當時對心理學很感興趣。1946年至
1947年，他開設心理病理學，經常組織一些學生到聖安娜醫院和奧
爾良附近的精神病院參觀實習，還邀請精神病學家來高師講學。阿
圖塞 (Louis Althusser, 1918–1990) 在德國戰俘集中營度過五年後重
返高師，接替居斯多爾，與傅科過從甚密，也帶學生去聖安娜醫院
考察學習。傅科迷上了精神病理學，他與多梅宗 (Georges Daumé-
zon)、厄伊 (Henri Ey, 1900–1977) 很早接觸了精神病理學革新派的
思想，並且從理論和實踐上重新思考這門學問。他取得哲學學士學
位後，開始攻讀心理學學士學位。於是，他師從著名醫生、精神分析
學家和巴黎大學文學院教授拉加施 (Daniel Lagache, 1903–1972)，
心懷極大熱情學習普通心理學和社會心理學，同時打算旁聽一些醫
學課程。傅科曾問過拉加施研究心理學是否應學習醫學，拉加施勸
他不必學習醫學。他希望拉加施診治他的心理疾病，拉加施沒有答
應，而給傅科介紹了一位精神分析學家。精神病使傅科甚為煩惱，
他一直不知是否有必要找人為自己治療這種疾病。

　　在這期間，傅科得到韋爾多(Jacqueline Verdeaux)夫人的熱心幫
助。韋爾多夫人曾在第二次大戰期間隨其父親流亡到了傅科的家鄉
普瓦提埃，與傅科一家過從甚密。她曾經是傅科醫生的麻醉助手，
德軍占領普瓦提埃時，去巴黎定居，並轉而研究心理學，協助丈夫
治療精神病患者。他們在聖安娜醫院創建了電腦造影術實驗室。韋
爾多夫人曾經向傅科的母親保證照顧好傅科，他常與韋爾多夫婦共
進晚餐。由於韋爾多夫人的幫助，傅科結識了瑞士病理學家、精神
分析學家庫恩 (Roland Kuhn) 和班斯旺熱 (Ludwig Binswanger,
1881–1966)。1952年和1953年，他和韋爾多常去拜訪庫恩和班斯旺
熱，同遊佛羅倫斯、威尼斯……，在訪問庫恩時，他們在封齋前星

期二的前夕去瑞士門斯泰蘭岡(Munsterlingen)醫院參加了瘋子舉行的狂歡節。傅科覺得很過癮，給他留下難忘的印象。這一期間，韋爾多著手翻譯班氏的 *Traum und Existenz*（《夢與在》），傅科常和她共同討論法文譯稿，並且為之作了一篇長序，序言足夠一本小冊子的分量。❹ 譯文和序言都得到班斯旺熱首肯。《夢與在》是存在論精

---

❹　這篇序文發表於1954年，是傅科的處女作，對於傅科的整個思想發展，對於我們準確理解傅科哲學，都相當重要；在精神分析學和傳統現象學的關係中，它對精神分析提出了疑問，與胡塞爾的討論在一定程度上為考古學計畫提供了依據；可以說，是理解傅科哲學的出發方式和基本意圖的最基礎的文本，因為決定傅科哲學理路和思想景觀的主要或基礎術語都可以在這篇序言中找到。這些術語是對傅科自身困境（活、身）與勤學深思（思、心）的適當的語言表達，反過來，傅科這種極其特殊的活與思、身與心又是其哲學思想的發源地和真正祕密。「言」、「思」與「活」同在。如果「思」與「活」是兩條一起奔流不息的河流，「言」則是「思」與「活」流變之後留下的「道道」或「蹤蹟」。 為便於後面的討論，我們不妨在此將它們列舉出來：人類學(anthropologie)、慾望(désir)、上帝(Dieu)、間斷性(discontinuité)、空間(espace)、倫理學(éthique)、存在(existence)、經驗(expérience)、歷史學(histoire)、歷史性(historicité)、人(homme)、無意識(inconscient)、語言(langage)、限度(limite)、疾病(maladie)、死亡(mort)、客觀性 (objectivité)、起源 (origine)、言語 (parole)、精神分析 (psychanalyse)、心理學(psychologie)、心理病理學(psychopathologie)、實在性(réalité)、夢(rêve)、斷裂(rupture)、科學(science)、人文科學(sciences humaines)、意義(sens)、性慾(sexualité)、主體(sujet)、時間(temps)、真理(vérité)。上列術語所構思出來的這篇序文是傅科哲學的開端。此外，還提到了古代、文藝復興、十八世紀和十九世紀，涉及到了亞里斯多德、巴歇拉爾、弗洛伊德、黑格爾、赫拉克利特、胡塞爾、康德、拉崗、萊布尼茨、馬勒伯朗士、柏拉圖、沙特、謝林等人的思想。

神病學的啟蒙之作。班斯旺熱深受海德格 (Martin Heidegger, 1889
–1976)存在現象學的影響，把海德格的 Daseinanalyse（此在分析）
引入精神分析和精神病的治療實踐之中。在接觸班斯旺熱其人其書
的過程中，傅科獲得很多有益的東西。與韋爾多合作的歲月，使傅
科積累了豐富的心理學實踐知識。韋爾多夫婦在巴黎弗雷斯納
(Fresnes)監獄也建立了一個電腦造影術實驗室。1950年，傅科隨他
們到這家監獄做同樣的工作，研究犯人的心理病並把犯人與瘋子加
以比較分析。他總是勤奮地工作，潛心探索實驗心理學。這段監獄
工作經歷引發了他探討「監獄起源」的興趣，1975年問世的《監視
與懲罰》以及後來在法蘭西學院致力於「權力問題」的分析，就是
最好的證明。他在1952年如願獲得心理病理學文憑。這些，為他日
後深入研究癲狂問題打下了紮實的功底。顯然，傅科在心理學和病
理學方面的進步，若沒有韋爾多、庫恩、班斯旺熱等人的幫助和影
響，是難以想像的。

　　儘管傅科身患嚴重的精神病，還是如饑似渴地勤奮學習，廣泛
涉獵各家各派哲學思想，諸如柏拉圖、康德、黑格爾、馬克思(Karl
Marx, 1818–1883)、胡塞爾(Edmund Husserl, 1859–1938)、海德格、
祁克果(Sören Aabye Kierkegaard, 1813–1855)……，無所不讀，同
時作了大量讀書筆記。其中，海德格決定了他的哲學道路。這得益
於他的老師瓦爾(Jean Wahl, 1888–1974)。瓦爾還是法國著名的尼采
專家，傅科不久閱讀尼采(Friedrich Nietzsche, 1844–1900)，很可能
與瓦爾的引導分不開。閱讀海氏著作，把他引入了尼采的哲學殿堂。
在後來的思想道路上，尼采成了他的精神導師。傅科最終成為法國
的尼采主義者。雖然海德格未被傅科充分研究，卻是從傅科到尼采
之間的中間環節；另一方面，傅科深入鑽研精神分析學和心理學，

主要閱讀了弗洛伊德 (Sigmund Freud, 1856–1939) 的著作。此外，巴歇拉爾 (Gaston Bachelard, 1884–1962)、卡夫卡 (Franz Kafka, 1883–1924)、沙特、薩德 (Donatien Alphonse François Sade marquis de, 1740–1814) 等，都是他閱讀和研究的對象。

　　巴黎高師學生需去巴黎大學聽一些課，傅科沒有違反這一校規。1949年，伊波利特調到巴黎大學文學院任教，傅科又有機會聆聽他老師的教誨，十分興奮。當時的巴黎知識界有不少虔誠的共產黨員，他們在課堂上有意識地向學生宣傳馬克思主義，對青年學生產生了極大的政治影響。然而，在這些課程中，存在主義者和現象學家梅洛－龐蒂的課最具有吸引力。存在主義和現象學在當時法國思想界達到了輝煌的頂峰。眾所周知，沙特成了他那個時代的文化巨人，雖然他不是大學教授，但被學生奉為精神導師和文化舵手，他的思想與大學著名教授一樣讓學生們著迷，受到熱烈歡迎。1947–1949年間，里昂大學心理學教授梅洛－龐蒂來巴黎高師講學並輔導學生作論文，演講題目是「馬勒伯朗士、邁納・德・比朗和柏格森論心物關係」與「索緒爾論語言問題」，其演講決定了傅科的論文選題「後笛卡兒心理學的產生」。1949年秋，梅氏被任命為巴黎索邦大學教授，不論在高師還是在巴黎大學講課，傅科從未逃過課。他本來的專業興趣是哲學，因自己的身心處境而不得不重視心理學、精神分析和精神病學。這種多領域的自我訓練決定了傅科思想的努力方向。梅洛－龐蒂入選為巴黎索邦大學兒童心理學教授後，開設「人學和現象學」和「索緒爾」，後來以此反對結構主義。傅科仍去索邦大學聽這兩門著名課程，期望從梅洛－龐蒂那裡獲取至關重要的東西，以深入到自己所關注的問題的內層。

　　除梅氏外，阿圖塞也深得學生們好評，並與他們結下了真誠的

友誼，雖然他僅僅是高師的輔導教授且課也不多。傅科到了高師不久便結識了阿圖塞並成為知己，在生活、學習、思想諸方面都得到了他的幫助。然而，阿圖塞對傅科影響最大的，是引導傅科加入法國共產黨。馬克思主義與入黨問題，在第二次大戰以後左右著法國大學人的政治信仰，成為法國人的時尚。哲學和知識分子問題同政治需要有著千絲萬縷的聯繫。傅科在入黨之前，政治上與共產黨保持了一定距離，因為他仍信奉黑格爾，為了獲得文憑而潛心研究《精神現象學》。入黨那年，他也參加了法國大學和中學教師學銜考試，但名落孫山，理想熄滅，深感不安，幾乎一蹶不振，身心又一次受到打擊。這時，阿圖塞悉心指導，幫助他度過難關，準備參加來年考試。對於傅科的失敗，人們紛紛議論，他的同學都認為他是最優秀的學生之一，他的失敗簡直不可思議，甚至有人猜測是他的政治傾向造成了這次應考不中。經過充分準備，傅科非常順利通過了1951年6月的學銜考試，名列第三。沒有取得第一名，他本人並不滿意，不禁怒形於色。這次他應闡述三大問題：經驗與理論；知覺活動與智力；柏格森與斯賓諾莎(Baruch Spinoza, 1632–1677)。[5]考試委員會主席是大衛 (Georges Davy)，伊波利特任副主席，法國中等教育總督學是康吉漢。[6]傅科試圖使論題具有現代意義，讓大衛難以對付。傅科表現出了很強的能力，成績十分出色，不過因第二次參加考試的心理作用而顯得憂慮和擔心。

　　傅科因健康原因而免服兵役。拿到學銜文憑後，應旋即獲得教職。但傅科不願意馬上任教，經中等教育總督學康吉漢推薦，1951

---

[5]　參見Didier Eribon, *Michel Foucault*（《米歇爾・傅科》），1989, Paris: Editions Flammarion, p. 56。

[6]　見前引書，p. 56。

年秋到法國國家科學研究中心(Centre National de la recherche Scientifique)準備博士論文。傅科又開始拼命攻讀，幾乎每天都去巴黎國家圖書館，在此度過了數不清的時日。他在國家科研中心只待了一年，因為他舊病復發，十分煩惱。雖然每人住一個房間，相對獨立，但必須共同就餐，免不了一些集體活動，傅科對此難以適應。他經常擾惹同伴，發生爭執，關係緊張。因此，他不想繼續待下去，於是離開了國家科研中心，遠避巴黎，後來赴里爾大學文學院任心理學助教，那是1952年10月的事。

　　獲得法國大學和中學教師學銜之後，任教於里爾大學之前，傅科應他老師阿圖塞的邀請去巴黎高師上心理學課。1952年，他到了里爾，每週星期一晚上還來高師上課，直到1955年離開法國去瑞典為止。他的課很有吸引力，聽課者達十五至二十五人，聽課者如此多，在高師是很不錯的，傅科甚感興奮。他善於言辭，喜於說笑，愛用手勢。

　　1953年夏天，傅科開始認真研讀尼采著作，但也是共產主義者，一直信仰馬克思主義，並且在著作中常常援引馬克思的言論。入黨時，覺得做一個尼采式共產主義者很荒唐。因此，傅科在1953年脫黨。當然脫黨原因是多方面的，其中之一是因為他的同性戀問題受到各種嚴厲的指責。他自己認為應該將同性戀和共產黨加以嚴格區分。另一方面，脫黨與史達林(Joseph V. D. Staline, 1879–1953)的醫生陰謀密切相關。傅科在脫黨和系統接觸尼采之後，曾宣布馬克思主義不是哲學，而是通向哲學之路的經驗或橋樑。❼於是在去瑞典前徹底脫離了馬克思主義，尼采從此代替了馬克思在傅科心中的地位。在思想道路和政治傾向上，傅科也與阿圖塞分道揚鑣，但是

---

❼ 見前引書，p. 77。

他們仍然保持著恆久而密切的友誼關係。這是難能可貴的。

　　1953年，傅科參加拉崗(Jacques Lacan, 1901–1981)主持的研究班，開始閱讀尼采的*Ecce Homo*（《瞧，這個人》）、二戰期間德國精神病學著作（做了大量的筆記和譯文）、巴特(Karl Barth, 1886–1968)神學著作、海貝爾林(Haeberlin)人類學著作。同年8月在義大利 Civitavecchia 海灘閱讀了尼采的 *Considérations Intempestives*（《不現實的思考》）之後，傅科確定了自己的總體研究計畫。他常常通過巴塔葉(Georges Bataille, 1897–1962)回到尼采，❽並進一步研讀尼采。10月研究康德《人類學》。1954年，出版了他的第一本書 *Maladie Mentale et Personnalité*（《精神病與人格》，1952 年完稿），這本書與他後來的所有著作完全不同。寫這本書時，「精神錯亂」（aliénation瘋癲）一詞具有社會學、歷史學和精神病學三層不同含義，並且混雜在一起，但後來這三層含義發生分化，它們之間沒有任何關聯。當然應該明白，傅科自此已經確定了面向「奇異現象」或「奇異經驗」（精神病和同性性慾）的任務。他自身的奇異處境使他顯得很不合群，他個人的反常生活與集體（公共）的正常

---

❽　傅科曾經講到："Ce qui m'a fait basculer, c'est la lecture d'un article que Sartre avait écrit sur Bataille avant la guerre, que j'ai lu après la guerre, qui était un tel monument d'incompréhension, d'injustice et d'arrogance, de hargne et d'agressivité que j'ai été irréductiblement depuis ce moment-là pour Bataille contre Sartre." 這段話大意是，傅科讀了沙特關於巴塔葉的文章後，深受震動，從此反對沙特，贊成巴塔葉。說明巴塔葉對傅科的影響也是不可小看的。(Daniel Defert, *Chronologie*（《傅科年譜》）, in Foucault, *Dits et Ecrits 1954–1988* (tome I)（《說與寫1954–1988》第1卷）, 1994, Paris: Editions Gallimard, p. 19。)

生活格格不入。他感到自己已置身於集體之外，反常生活恰恰存在於正常生活（尋常生活）之外，換言之，他生活在圈外或者域外，這倒有助於他專心思考和體驗「癲狂」和「性慾」。 以筆者個人的看法，奇異現象應該納入形而上學沈思的領域，把握奇異現象是對人的別一種理解。可見，他在尋常現象以外另闢了一個世界，是一位思考和體驗奇異現象的哲學家。

在巴黎高師，傅科不論是當學生還是作教師，都很出色，引人注目。他是阿圖塞的得意門生，阿氏的朋友維伊曼(Jules Vuillemin, 1920–)也在巴黎高師任教，在阿氏的引薦下，傅科認識了維伊曼；同時維氏也去聖克盧 (Saint-Cloud) 男子高等師範學校上課，波蘭 (Raymond Polin)也在這裡任教。波蘭正在為里爾大學尋找一位懂心理學的哲學家，維伊曼得知後便向他推薦了傅科。波蘭約見了傅科，非常滿意，很讚賞傅科的才華。因此，傅科被任命為里爾大學文學院心理學助教。在傅科的教學生涯中，維伊曼起了關鍵性作用，後來接替了現象學家梅洛－龐蒂在法蘭西學院的教席，這為傅科進法蘭西學院鋪平了道路。現在看來，沒有維伊曼力薦，傅科是否能成為法蘭西學院教授，是很難說的。完全可以說，維伊曼是傅科一生中的貴人。對此，我們將在後文詳細談及。

里爾大學文學院，位於里爾市中區奧居斯特－昂熱利耶 (Auguste-Angelier)大街美術館背後，教學樓是一座富麗壯觀的灰色石頭建築物，正面點綴著三角楣，進門大廳正對著兩排高大的柱子。傅科在這兒講授心理學和心理學史，竭力引導學生了解心理病理學、格式塔心理學與弗洛伊德、庫恩、班斯旺熱、巴甫洛夫 (Ivan P. Pavlov, 1849–1936)……，不到三十歲的傅科贏得了該院院長、同事和學生的普遍讚揚，除了教書，亦熱心從事科學研究，其《精神

病與人格》等著述就是在這期間完成的。《精神病與人格》的基本
思想，在《瘋狂與非理性》和《診所的誕生》中得到發展，進一步
分析了正常人與瘋子的關係。青年傅科只在里爾大學工作了三年，
1955年夏便赴瑞典烏普薩拉(Uppsala)大學任教。

四、雲遊天涯

本世紀五〇年代初，法國政局不穩，黨派紛爭，第四共和政府
危機四伏，社會面對著重大變革，急需外援以復興歐洲。突尼斯、
摩洛哥先後發生動亂並宣告獨立，阿爾及利亞人民舉旗起義，法國
敗倒在印度支那的腳下。這種亂局，使法國充滿恐怖，法國人深感
悲觀。

傅科素來厭惡法國的社會與文化生活，因此愁鬱不堪，度日如
年，渴望自由。瑞典當年被視為一個自由的天堂和理想的國度。傅
科滿懷憂憤地離開巴黎，欣然去了瑞典的烏普薩拉，開始了飄泊生
活。

烏普薩拉，位於首都斯德哥爾摩西北，南有美麗的菲麗河(Fyris)
與迷人的梅拉倫湖(Mälar)。烏普薩拉大學是瑞典第一所大學，擁有
全瑞典最大的圖書館。這裡至今依然是瑞典的教育中心之一，號稱
「瑞典的劍橋大學」，還是世界的地震測報中心，名震寰宇。1956
年春，傅科和杜梅齊爾(Georges Dumézil, 1898–1986)在此相識，同
在異鄉皆是客，都來自巴黎，很快就成為忘年之交，雖然傅科年僅
二十九歲，杜梅齊爾幾屆六旬。法蘭西學院教授和著名的印歐神話
學家杜梅齊爾，曾經在1932年和1933年擔任烏普薩拉大學法語外籍
輔導教師。傅科在異國遇良師，交益友，感觸良多。相識之前，杜

氏為傅科來烏普薩拉大學盡力幫助，終於為他找到了一份輔導法語的工作。傅科曾在巴黎的處境，杜氏是知道的，於是給傅科寫了封信說，如果傅科願意，瑞典有份工作在等他。傅科接受了他的幫助。日轉月移，沒料到的是，1961年杜氏擔任傅科博士論文的答辯委員。

　　杜氏的著作為傅科的終生讀物。這期間，傅科翻譯了韋茲薩凱 (Carl Weizsäcker, 1912-　)的一篇關於神經精神病學的論文。1957 年，他完成了博士論文手稿《精神病學史》（即後來的《癲狂與非理性——古典時代癲狂的歷史》）。1957年夏回巴黎度假時在一家舊書店 José Corti 發現了魯塞爾 (Raymond Roussel, 1877–1933) 的 *La Vue*（《景》，罕見的版本）。❾ 這一年，他完成了論文手稿 *Folie et*

---

❾　魯塞爾及其作品還不為中國讀者所知。Raymond Roussel, 1877年生於巴黎，1933年死於義大利巴勒莫。他出於富貴資產者之家，度過了幸福的童年。13 歲進入巴黎音樂戲劇學院學習音樂，得過鋼琴一等獎。17歲時轉向文學創作，他極度狂熱而怪誕，著迷於同性戀。到20歲時寫成一部亞歷山大體小說《替角》，詳細追憶了尼斯狂歡節。他由狂妄轉向消沈，卻從不放鬆寫作，直到1932年。1933年在西西里島一家豪華旅館，因服用巴比妥酸劑過量中毒而死。代表作有《非洲印象》(1910) 和《非洲新印象》(1932)，其他主要作品有《景》(1902)、《和諧》、《源泉》、《頭頂之星》(1924)、《晴天塵埃》(1926)和遺作《我是怎樣寫我的一些書的》(1935) 等。他出資將自己的劇本搬上舞臺，得到的卻是觀眾的嘲諷，然而，他擅長細節敘述、想像描寫和精緻構句。魯塞爾的作品源自對語言符號的系統研究與非理性經驗（如癲狂、同性戀、怪僻、死亡恐懼、夢幻等，這些也正是傅科本人所有和探究的）。超現實主義者把他視為想像物的探險者和超現實主義先驅，如布雷東(André Breton)認為魯塞爾是現代最令人著迷的作家；而魯塞爾作品的細膩、直接顯明、方法和嚴格受到結構主義小說和新派小說家（如Michel Butor和Alain Robbe-Grillet)的青睞。

Déraison（《癲狂與非理性》）。 ❿本書明確把癲狂和非理性結合起
來，這大有助於哲學問題的進展。

傅科在烏普薩拉大學的三年過得更加艱難，根本無法治療他的
心理疾病，還十分不習慣這裡的自然氣候。這裡的同性戀並不比巴
黎開放，他大失所望。傅科來此幾個月後就見到了杜梅齊爾。從1947
年起，杜氏每年定期來瑞典講學。傅科常來他住處看望這位資深教
授，他們結下了深厚誠摯的友誼，保持至傅科離世，長達三十年之
久。傅科非常敬重他的為人與學識，並崇拜其作品。無可懷疑，杜
氏的著作對傅科思想的形成和發展影響很大。在他的博士論文中，
完全找得出杜氏思想的影子。他大膽借用了杜氏分析神話的結構觀
念，試圖發現「癲狂」的內在系統規則。 ⓫在法蘭西學院就職演說
中，亦明言他的成功應歸於杜梅齊爾的啟發和影響。 ⓬毫不誇張地
說，杜梅齊爾是傅科在學術歷程和教育生涯中以及通向法蘭西學院
之路的導師。

雖然烏普薩拉的生活很讓傅科失望，但是他仍為創造舒適的生
活而努力。他不缺錢花，物質生活不成問題，還買了一輛漂亮的淺灰
褐色捷豹(Jaguar)轎車。他結識了不少朋友，他們是米格爾(Jean-

---

❿　1961年5月，以*Folie et Déraison: Histoire de la folie à l'âge classique*
　　（《癲狂與非理性——古典時代癲狂的歷史》）為書名出版了該博士論
　　文。歷史學家Robert Mandrou, Fernand Braudel和Maurice Blanchot高
　　度評價了本書，認為傅科對歐洲思想史作出了重大貢獻。1972年，伽
　　利瑪出版社以 *Histoire de la foliè à l'âge classique*（《古典時代癲狂
　　的歷史》）為名重版該書。

⓫　參見 *Le Monde*（《世界報》），22 juillet 1961。

⓬　參見 Michel Foucault, *L'Ordre du Discours*（《論說秩序》），1971,
　　Paris: Editions Gallimard, p. 73。

François Miquel)、帕珀-萊皮納(Jacques Papet-Lépine)、帕斯瓜麗
(Castanza Pasquali)、菲松(Peter Fyson)、奧貝(Jean-Christophe
Oberg)……他們相處十分和諧，常常共餐同飲。除了向學生講授從
薩德到熱內(Jean Genet, 1910–1986)的法國文學作品之外，還將沙
特、阿努伊爾(Jean Anouilh, 1910–1987)等人的劇作搬上舞臺。他
經常去斯德哥爾摩法國文化研究所開辦講座，傳播燦爛的法國思想
文化。在瑞典首都期間，他接待了來烏普薩拉講學的法國各界知名
人物：伊波利特、杜拉斯(Marguerite Duras, 1914–1996)、西蒙
(Claude Simon, 1913–　　)、孟岱・法蘭西(Pierre Mendès France,
1907–1982)、卡繆(Albert Camus, 1913–1960)、巴爾特……，法國
文化在瑞典能夠進一步傳播，傅科功不可沒。

　　工作之餘，傅科埋頭撰寫博士論文《癲狂與非理性——古典時
代癲狂的歷史》。離開瑞典時幾乎完成初稿。他本想研究和批判當
代病理學思想。由於曾在精神病醫院工作過，瘋子比精神病理論本
身對他更具吸引力。他力圖將精神病置於更深刻的層面上，揭示非
理性和癲狂之間的內在關係。他打算在瑞典答辯論文，可是他的主
考人——烏普薩拉大學教授、思想和科學史專家蘭德洛(Stirn
Lindroth)，無法理解他論文的思想而拒絕。傅科向他再三解釋他所
做的工作，這位教授反而更加覺得難以理解。無論在方法上還是在
內容上，他的論文都是新穎獨特的，不是精神病科學史，而是關於
非理性的社會和道德的背景史。難怪蘭德洛教授不理解。杜梅齊爾
閱讀了論文的某些章節，勸傅科不要在瑞典答辯論文。因此，傅科
決定以後回法國時再答辯，並且決定離開他生活了三年的烏普薩拉，
辭別烏普薩拉大學和這裡的朋友。

　　1958年，傅科告別瑞典的烏普薩拉後，到達波蘭華沙。他發現

瑞典並不是理想的安身立命之處。教學任務越來越重，而且在瑞典答辯論文的願望破滅，於是辭職不幹。在去華沙前，傅科和奧貝在1958年5月回巴黎待了一個月。回巴黎是臨時決定的。這一年的5月底，法國發生了政治事件。戴高樂 (Charles André Joseph Marie de Gaulle, 1890–1970)將軍重新主宰了法國政治，試圖消除第三和第四共和政府；法國的阿爾及利亞人支持阿爾及利亞人民起義；經濟危機和通貨膨脹仍在繼續，內閣更迭頻繁，國內動盪不安。傅科與奧貝驅車經過丹麥和德國到達巴黎。這時的巴黎，今非昔比，極不平靜，到處是人群，遍地是警察。奧貝不久便返回瑞典，傅科在巴黎度過了一個月快樂的時光，回烏城收拾行裝，與朋友相聚而別。1958年10月，傅科重寫《癲狂與非理性》，原本不厚的文稿竟成一個大部頭。

傅科這次去華沙，又是杜梅齊爾促成的。杜氏的好友勒貝羅爾(Philippe Rebeyrol)是對外法語教育處負責人。法國和波蘭簽訂了文化協定並在華沙創立了法國文化中心。於是需要一位外籍法語輔導教師，杜梅齊爾向勒貝羅爾推薦了傅科。因為勒氏完全相信杜梅齊爾對傅科的評價，而且傅科在瑞典工作期間成績顯著，受到普遍稱讚和歡迎，所以勒貝羅爾同意了傅科到華沙工作，並且任命他為華沙大學法國文化中心主任。

去華沙拜訪了法國駐波蘭大使——比蘭·代·羅齊耶(Etienne Burin des Roziers)後，傅科在華沙大學附近住下。首都華沙素有「世界綠都」之稱，到處是草坪，遍地是園林，坐落在維斯瓦河(Vistule)上，是波蘭的文化、政治、教育、科學、商業和工業中心，在第二次世界大戰中幾乎被德軍摧毀。經過重建，華沙明顯擴大。歷史文物和遺蹟也得到修復。傅科到了這裡，一邊繼續撰寫博士論文，一

邊認真上課，主持法國文化中心工作。工作方式與在烏城時一樣，他很快獲得學生和同事的好評。傅科還作了一年法國駐華沙使館的文化參贊，然而，他遇到許多困難，最糟的是結識了一位在警察局工作的同性戀者，他們共同生活了幾天，這位同性戀者準備參與歐洲外交事務。比蘭・代・羅齊耶大使告知傅科必須盡快離開華沙。就這樣，傅科匆匆而別。

在勒貝羅爾的幫助下，1959年，傅科選擇赴德國漢堡法國文化中心擔當主任之職。漢堡，位於易北河(Elbe)和阿爾泰河(Alter)的匯合處，是歐洲最早的港口之一，風景秀麗，河水靜靜。歷經戰爭劫難，第二次大戰期間更加慘遭破壞。傅科去時，漢堡城的大部分都是重建的。他非常崇拜德國文化，特別是德國哲學，早在巴黎高師時就學會了德語，並能閱讀胡塞爾、海德格和尼采原著。他在漢堡期間，向德國學生傳播法國文化和戲劇。每週只上兩節課。像在烏普薩拉工作一樣，他依然熱心編導戲劇。1960年6月，他把科克托(Jean Cocteau, 1889–1963)的《寡婦村》搬上了漢堡舞臺。傅科在漢堡大學圖書館度過了許多光陰，1960年終於完成了博士論文，打算回國誠請他的恩師伊波利特任他的論文導師，同時，撰著他的副論文 *Genèse et Structure de l'Anthropologie de Kant*（《康德人類學的產生和結構》），　⑬譯注康德《實用人類學》。在論文答辯前，傅科回國後又得到當時在克萊蒙－費朗大學任教的維伊曼教授推選，任該校心理學講師。

在傅科的一生中，每當法國國內發生重大政治事件時，他都不

---

⑬　正式提交時，改為*L'Anthropologie de Kant*（《康德人類學》，第1卷為序言，第2卷為《實用主義人類學》譯文和筆記），第2卷於1964年12月出版，第1卷從未出版，其打印稿一直存於索邦大學圖書館。

在國內。阿爾及利亞戰爭期間和戴高樂重返政壇時，他在烏城、華沙和漢堡；1968年「五月風暴」發生時，他在突尼斯。他在1960年回國是為認真準備論文答辯，2月5日在漢堡為《癲狂與非理性》作序。

回到巴黎後，傅科拜訪了他的老師伊波利特，師生久別重逢，別有一番滋味。他把厚厚的主論文和副論文送給他老師，並懇請伊氏作導師。伊波利特愉快地答應指導他的副論文《康德人類學的產生和結構》(《康德〈人類學〉導言》)，因為他精通德國思想和哲學史。但是伊波利特請傅科把主論文《癲狂與非理性》送康吉漢指導。康吉漢當時在巴黎大學講授科學史，通曉醫學和病理學。我們前面講過，康吉漢曾兩次擔任傅科的主考官，一次是傅科考巴黎高師，一次是參加法國大學和中學教師學衛考試。傅科到巴黎大學見到了康吉漢，說明來意並解釋了他論文的主要內容。康氏欣然答應審閱《癲狂與非理性》。康吉漢讀後，對傅科說不需修改，自當為博士論文。該論文是傅科在多年飄泊與奇異體驗中艱難完成的，現在該為「分娩」而興奮了。

1961年5月20日下午一點半鐘，星期六，巴黎大學博士論文答辯廳路易–利雅廳裡，擠滿了聽眾；他們靜靜地等待著傅科談論「癲狂」問題。論文答辯委員會由康吉漢、拉加施、古耶 (Henri Gouhier)、伊波利特和岡迪亞克 (Maurice de Gandillac) 組成，古耶擔任主席。傅科首先陳述了副論文的基本觀點。他解釋了他所揭示的思想，即是，必須將結構分析和發生分析結合起來，才能理解康德的人類學，同時，再三強調他的考古學方法，甚至在說明主論文時也如此。關於康德人類學的考古學分析，在《詞與物》裡得到了進一步發揮。接著，古耶請傅科介紹《癲狂與非理性》。傅科明言，

論文所講的是瘋子，不是瘋子醫學，「瘋子」比「瘋子醫學」重要得多，試圖建立歷史分期系譜學，除了瘋子，還研究非理性問題。癲狂不是自然現象，而是文化現象，且總是存在於一定社會之中。❹他發現了癲狂與非理性之間的全部祕密。

　　傅科陳述自己的觀點之後，辯論開始。在熱烈的討論中，幾位有豐富經驗的答辯委員們為傅科的才能所折服。拉加施首先提出反對意見，康吉漢和古耶都反駁傅科，傅科總是從容應辯，聽者們不時沸騰非凡。答辯結束，按慣例，主席會請聽眾退場，可是這天聽眾特別多，古耶一反慣例而請聽眾靜等，並示意答辯委員們走出答辯大廳。大廳裡頓時掌聲雷鳴，熱烈議論著，急切地等待著主席宣布結果，有的朋友來到傅科面前表示祝賀，傅科則特別激動和緊張。答辯委員會委員們經過嚴肅認真商議，重新回到答辯委員席上。古耶正準備宣布答辯結果，聽眾都站起來，傅科急切地等著主席的聲音。主席古耶鄭重宣布：傅科先生獲得文學博士學位，成績優異。掌聲隨著主席的聲音一陣高過一陣，整個大廳更加沸騰起來，委員們亦表示祝賀，朋友們一個接一個向傅科表示熱烈祝賀。傅科的成功如日中天，將迎向未來的輝煌。

　　當年，若博士論文能獲准答辯，必須正式出版。康吉漢審閱論文，給予高度評價，並書面陳述了同意出版的意見。傅科曾夢想在著名的伽利瑪(Gallimard)出版社出版，但未能如願。後來幾經周折才在普隆(Plon)出版社出版。《癲狂與非理性》得以問世，多虧歷史學家阿里埃(Philippe Ariès)的竭力引薦，傅科是無法忘記他的。本書的出版，回響熱烈，獲巨大成功。至今已一版再版，並被譯成多

---

❹　參見Didier Eribon, *Michel Foucault*（《米歇爾・傅科》）, 1989, Paris: Editions Flammarion, p. 135。

種文字。這是傅科的主要著作之一。該書可以幫助我們理解傅科哲學的走向及其思想態度和語言風格。

　　1961年7月22日的《世界報》（第5135期），把他作為法國純粹而年輕的知識分子進行介紹。❺這年11月27日，寫完*Naissance de la Clinique*（《診所的誕生》），12月25日開始起草*Raymond Roussel*（《雷蒙・魯塞爾》）一書（1963年5月出版）。

　　傅科博士於1962年秋被任命為克萊蒙－費朗大學哲學系心理學教授，❻並任哲學系主任，直到1965年。他每週往返於巴黎和克萊蒙之間。克萊蒙－費朗，位於法國南部，里昂之西，是法國著名的大學城。1962年重版《精神病與人格》一書，第一部分仍照其舊，但將第二部分「精神病狀況」改為「癲狂與文化」即《癲狂與非理性》一書的概要，與原來的第二部分相去甚遠，書名也從此取名為*Maladie Mentale et Psychologie*（《精神病與心理學》）。❼胡塞爾(Edmund Husserl, 1859–1938)的遺著《幾何學起源》法文版在1962年5月出版，對巴黎哲學界產生了深刻影響。傅科早在五〇年代便認真閱讀過這本書，以此加深了對考古學(archéologie)概念的認識。

　　1961年，法蘭西學院著名教授梅洛－龐蒂身患嚴重心臟病，醫

❺　參見 Daniel Defert, *Chronologie*（《傅科年譜》），in Foucault, *Dits et Ecrits 1954–1988* (tome I)（《說與寫1954–1988》第1卷），1994, Paris: Editions Gallimard, p. 24。

❻　直到1966年9月獲得突尼斯大學哲學教席為止，傅科一直是以心理學教師身份開展教學工作的。

❼　這一變化是有其內在原因的，即1954年出版本書後，傅科開始由心理學對象（精神病）思考現、當代心理學本身的元理論問題，在1957年發表〈1850–1950心理學〉和〈科學探索與心理學〉兩文。到1962年再版此書時，做如此修訂，水到渠成。

治無效，不幸逝世，次年，維伊曼選入法蘭西學院繼承他的教職，即將離開克萊蒙－費朗大學。在維伊曼競選過程中，傅科請求他的老師兼朋友杜梅齊爾支持維伊曼進法蘭西學院。維伊曼戰勝阿宏 (Raymond Aron, 1905–1983)，榮登法蘭西學院教授寶座。傅科與維伊曼在思想興趣和政治傾向方面相去甚遠。傅科屬左派，研究精神病、心理學、醫學、倫理學；維伊曼屬右派，專治分析哲學、邏輯、數學；不過私誼非同尋常。他們在克萊蒙期間經常一起逛街，共進午餐和晚餐，共同探討政治問題。

維伊曼選入法蘭西學院後，傅科建議德勒茲 (Gilles Deleuze, 1925–1995)接替他的教職，維伊曼完全同意傅科的建議。德勒茲出版的《尼采與哲學》引起傅科和維伊曼注意，並獲得他們的好評。德勒茲的候選資格，得到了克萊蒙－費朗大學哲學系的同意。最後獲選者並不是德勒茲，而是法共中央委員會成員加羅蒂 (Roger Garaudy, 1913–　　　)。這也許是蓬皮杜 (Georges Pompidou, 1911–1974)實行「穩定計畫」的結果。當時，法國政府遭到各方勢力的強烈反對，不得不進行某些交易。加羅蒂任教於克萊蒙，立即引起公眾輿論，早已脫黨的傅科極度痛恨，更為朋友的失敗而憂慮，打算離開這裡。德勒茲後來到了里昂大學任教，與傅科來往頻繁。

1963年，伊波利特被任命為法蘭西學院教授。維伊曼與伊波利特，這兩位哲學界權威人物一進法蘭西學院便著手為傅科鋪下通往法蘭西學院之路。同年，傅科出版了《診所的誕生》和《雷蒙・魯塞爾》。前書將他關於癲狂的分析推廣到醫學領域。傅科認為，身體和疾病也是文化事件。從此，批評享樂主義與現代健康有了可能。後書顯示了傅科的文學天賦。傅科認為表象從未徹底完結。書中的「魯塞爾」其實是傅科本人的復現。他在本書中討論的「我如何寫」

將變成《詞與物》裡的「我們如何寫」。

在克萊蒙幾年間，除了上課，他勤奮著述。可以說，他把教學和科研兩種不同活動很好地結合起來。他向學生講授普通心理學、語言問題、人文科學認識論、弗洛伊德精神分析、法律史、性慾史、等等。這些講課內容正是他著作的內容。他教學有方，課後樂與學生閒談，深得學生愛戴；然而，他的生活方式、舉止、嘲笑習慣和傲慢，所有同事都無法接受。因之，他並沒有博得同事們的推崇。特別應當提到的是，傅科請德費爾(Daniel Defert)來克萊蒙任他的助手，招致同事們的無情譴責和冷落，因為德費爾是他的同性戀伴侶。他們的性關係一直維持到傅科去世才告結束。他們共同生活了近二十五年之久！

對此，傅科感到極不公平，又生離開克萊蒙之念。1965年在他的學生勒布倫(Gérard Lebrun)❶幫助下，去巴西聖保羅大學講學兩個月。聖保羅大學所在的聖保羅，位於巴西東部，東臨大西洋，是巴西的文化、科學和藝術中心。勒布倫對他老師傅科推崇備至，聖保羅大學的學生也十分尊敬傅科，傅科本人卻感到巴西並非久留之地，便於次年臨時調往突尼斯東北部突尼斯大學。這裡北面地中海，地處突尼斯海灣，到處呈現出一派海洋風光。首都突尼斯是全國的

---

❶　勒布倫當時在那兒工作，至今仍是該大學客座教授，現為法國普羅旺斯大學哲學系教授，專治康德和黑格爾哲學與梅洛－龐蒂現象學。筆者在普大時，聽過勒布倫教授的課。他的課很受歡迎，總是座無虛席，聽課者中有不少外系學生，這在法國大學是不多見的。他戴著眼鏡，西裝革履，年近六旬，老當益壯，他的聲音和激情很有感召力。其手勢語極有表現力，甚至全身都在動，都在說話，有時拍得講桌「咚咚」響，把桌子震動得幾乎跳起來。他講康德時特別投入，伴隨著他，可以遨遊康德的「頭上星空」，可以悟出康德哲學的大道來。

政治、商業和金融中心。

　　傅科在1963年8月開始追問考古學和批判哲學間的關係問題，並作了大量筆記。原本撰寫《瘋狂與非理性》一書的續篇，即關於刑事精神病學的歷史，因這一問題而轉到「符號問題」。這年11月在西班牙Prado參觀委拉斯開茲(Diego Velázquez, 1465-1524)油畫——「宮廷侍女」後，促進了他對符號問題的思考；12月重讀海德格並完成 Les Mots et les Choses（《詞與物》）一書提綱。早在對康德《實用人類學》的評注裡，傅科就指出：「批判思想與人類學沈思之間的關係，將在下一本書中討論。」❿這本書就是《詞與物》，但傅科仍稱其為「符號之書」。1964年聖誕節完成此書第一稿。次年元月5日，乘飛機離開突尼斯Djerba島時，觀覽機外景色，突生 "le basculement du sol à la limite de la mer" ❷之妙語。1965年2月13日，在給德費爾的信中談到，《詞與物》所研究的不是符號關係，而是秩序關係。❹2月27日和3月27日，同康吉漢、里柯(Paul Ricœur,

---

❿　參見 Daniel Defert, *Chronologie*（《傅科年譜》）, in Foucault, *Dits et Ecrits 1954-1988* (tome I)（《說與寫1954-1988》第1卷）, 1994, Paris: Editions Gallimard, p. 26。

❷　可譯作「海邊晃動的大地」。傅科將此即興之語草草地寫在一張明信片上，後來衍生為《詞與物》收尾之句，即 "On peut bien parier que l'homme s'effacerait, comme à la limite de la mer un visage de sable."（我們完全可以斷言，猶如海邊的沙灘畫像，人隨時都會被浪淘風吹。）

❹　同年4月4日，傅科在給德費爾的信中講到，他終於完成了這本書。自認為很不錯，但完成得相當艱難。如果說，他這以前的著作是關於「特殊領域」的考古學，那麼，《詞與物》是「普遍化」的考古學理論。據此，1954年至1963年間的著述可視為其早期著作，處於考古學時期的第一個階段，為《詞與物》的一般理論建構提供了可能性，也是傅

1913-　)等人討論「哲學與心理學」、「哲學與真理」問題。這次討論的直接影響是，明確使傅科進一步從普遍性的角度來指導自己的學術工作。

　　1966 年 4 月正準備啟程前往突尼斯之時，傅科出版了《詞與物》。❷ 出版時加了一個副標題「人文科學考古學」，這表明傅科將「人文科學」作為一個整體來思考；我們也完全可以將此書看作是對人文理性的分析，是一部「二十世紀的《純粹理性批判》（康德書）」。本來傅科欲用L'Ordre des Choses（「事物的秩序」）作為書名，出版商建議使用 *Les Mots et les Choses. Une archéologie des sciences humaines*（「詞與物──人文科學考古學」）。而在譯成英文出版時，又改為*The Order of Things*即*L'Ordre des Choses*，正合傅科的原意。本書一出版就引起巨大轟動，立即成為暢銷書，一版再版，都搶購一空；這是他一生中最得意的傑作，掀起了一場自存在論思潮以來最偉大的哲學革命；它是否定歷史和戰爭的象徵；「人的死亡」從此流行起來，成為該時代的標語。❸ 作者本人的學術地位也

　　科整個哲學大廈的基石，是理解其全部思想的出發點（參見 Daniel Defert, *Chronologie*（《傅科年譜》）, in Foucault, *Dits et Ecrits 1954– 1988* (tome I)（《說與寫 1954–1988》第 1 卷）, 1994, Paris: Editions Gallimard, p. 27）。

❷　1966年，是法國人文科學學者的豐收年。Lacan、Lévi-Strauss、Benveniste、Genette、Greimas、Doubrovsky、Todorov 和 Barthes，都相繼在該年出版了各自最重要的著作。

❸　傅科因「人的死亡」而成為眾矢之的。直到1968年5月，法國知識界幾家權威雜誌如《現代》、《精神》、《思想》、《弓》等始終捲入筆戰，反對《詞與物》的悲劇性觀點。沙特認為傅科考古學是一種地質學，用地質學的層理(stratifications)代替了考古學的變化(transformations)，

大大提高了，乃至不可動搖。這一年11月，傅科在突尼斯大學平生第一次上哲學課，課程名為 "Discours philosophique"（哲學論說），❷ 以繼續討論《詞與物》所引發出來的種種問題。為了從哲學基本方法上澄清《詞與物》的問題和回應評論界的責難，傅科將論說理論研究列入自己的工作計畫。這一計畫試圖確定總體變化，總體變化恰恰是經驗間斷性規則。原來的人文科學考古學將成為論說考古學。

但是，一切知識都是已說出來的「事」與「物」，即論說(discours)的出產物，即「檔案」、「文件」。「檔案」或「文件」正是一代一代的思想家用人類文字留下的知識蹤蹟（精神遺蹟）。我們得以獲得的書本知識無一不是種種論說體系。對論說的考古分析即是對知識的考古分析，因此，傅科把他打算在 1967 年春完成的著作取名為 *L'Archéologie du Savoir*（《知識考古學》，成稿於該年8月，1969年3月13日出版，臺灣亦有譯本，譯為「知識的考掘」，臺北：麥田），是有其深刻的學理原因的，也表明其學說具有內在的一致性。如果說，《詞與物》對知識的研究尚處於局部性水平，那麼，《知識考古學》便是試圖對這種局部性問題作進一步提煉和延伸。前書以間斷

並把「資產階級最後壁壘」這頂帽子戴在傅科的頭上。1968年3月10日，傅科在《文學半月刊》反駁了沙特。傅科毫不客氣地將這頂帽子反扣於沙特頭上。這頂帽子本來就是沙特的，傅科找到了證據，早在傅科加入法國共產黨之前，人們就認為沙特是資產階級帝國主義的最後一個壁壘和最後一塊基石。同時肯定自己的研究工作無非是 —— 試圖再現科學史、認識史和人文知識史中的無意識(inconscient)。這種無意識性歷史不服從理性進步的一般準則。我們看出，傅科正是站在與人類意識和人類理性對面思索歷史，應該說，這的確是一個新的立場。

❷　關於 discours 一詞的中譯，將於後面討論。

性知識為核心展開討論，後書則以間斷性論說為主題對前者引出的一系列問題進行澄清和梳理。傅科從論說（或書寫）對象轉向論說（或書寫）本身。知識的種種問題首先出在我們的論說方法上，所以應當先把論說問題講清楚。1967年5月，《瘋狂與非理性》英文版在英國出版，從此在反精神病理學的旗幟下傳播於英語國家；同年7月16日，傅科在家鄉旺德弗爾閱讀尼采時，開始意識到尼采為什麼如此讓他入迷。我們發現，正是尼采的權力意志思想啟發了傅科思索知識意志。《詞與物》義大利語版在這一年11月出版，**㉕** 康吉漢為之作跋，名是 Mort de l'homme ou épuisement du Cogito（〈人的死亡或我思的衰竭〉）。 這為《詞與物》在義大利的暢銷和傳播起了很好的推動作用。

　　法共機關刊物《思想》在1968年2月連續登載了三篇關於《詞與物》的訪談錄，傅科的回答鏗鏘有力。1968年「五月風暴」期間，傅科仍在突尼斯，雖未能親歷這次風暴，但在兩個月前目睹並支持了突尼斯大學的學生示威運動；一些學生運動領袖慘遭酷刑和監禁，受到控告；7月，突尼斯政府開庭審判學生運動領袖，傅科試圖出庭保護，但失敗。在法國「五月風暴」前，華沙、馬德里、羅馬等地已相繼暴發了學生運動。這些 68 年事件使傅科的興趣轉向監視、懲罰、監禁、酷刑、監獄等社會政治問題，也是他積極參加社會政

──────────

㉕ 此後，又相繼被譯成西班牙文、葡萄牙文、英文、德文、荷蘭文等多種外文出版，但至今無中文版問世，事實上，傅科的幾部重要著作的內容都不為廣大中國讀者所知，這對傅科哲學在中國的閱讀、理解和研究造成了相當大的困難。本來，我們目前研究當代西學的首要工作不是替歐洲思想家言，而是讓他們自己「來」中國說。今日中國學術界在這方面的工作做得很不理想。

治活動的誘因。

　　法國評論界對《詞與物》回響熱烈，頻頻討論，成為法國六〇年代文化界舉世矚目的一件盛事。傅科的地位登峰造極，法國思想界又添泰斗。《詞與物》之所以如此成功，是因為它宣布了「人死了」這一爆炸性結論。這是對尼采「上帝死亡」思想的傳承和改造。該書試圖建立當代人學考古學，公開反對馬克思主義意識形態，揭示了自康德以來一切理論的必然局限性、有限本體論、自由目的論和人文科學，尖銳批判了歐美盛行的結構主義思潮。

　　然而，傅科並不滿意他已出版的著作，請求伽利瑪出版社人文科學文庫和歷史文庫主編諾拉 (Pierre Nora) 不再出版他這些書。為了修正錯誤，消除誤解，總結思想，傅科寫了方法論著作──《知識考古學》，於1969年出版。從此，傅科的研究方法開始轉向系譜學。當然，傅科並沒有忘記他前期思想，修正、消除和總結等工作難以徹底。

　　在《詞與物》出版的第二年，傅科被選為南泰爾大學（巴黎第十大學）哲學教授，但國家教育部長佩雷菲特 (Alain Peyrefitte, 1925–　　) 遲遲不批准。他返回突尼斯繼續工作，同時撰寫《黑與色》，從未出版。1968年3月，突尼斯大學爆發學生示威運動，與華沙、馬德里和羅馬的學生運動遙相呼應。許多人被捕入獄，被捕者中有傅科的學生。同年5月，法國也發生了因危機引起的學生運動，工人和知識分子紛紛捲入了這場運動，這就是舉世聞名的「五月風暴」。造成全國癱瘓，國家元首一籌莫展，幸好這場風暴很快平息。針對大學生問題，法國政府進行了一系列教育改革，給予大學充分的自治權。「五月風暴」發生時，傅科遠在學生運動處於高潮的突尼斯。這次風暴的影響是相當深遠的，形成了具有特殊意義的反人

道主義思潮，即68年思潮。這一思潮的代表人物主要有傅科、德希達(Jacques Derrida, 1930–　　)、拉崗和阿圖塞等人。當然這一思潮有其自身的背景和繼承性：阿圖塞是歐洲馬克思主義者，拉崗是弗洛伊德主義者，德希達是海德格主義者，而傅科的思想是對尼采的傳承和改造，因此，他是尼采主義者。

五、走向法蘭西學院

法國「五月風暴」後，傅科從突尼斯回到了巴黎。他住在巴黎十五區沃紀拉爾(Vaugirard)街的套房裡。這套房很寬敞，位於一座現代建築的第八層，前面是阿多爾弗－歇里尤廣場，他在這兒一直住到離開人世。

傅科回到巴黎後不久，著手創立樊尚實驗大學中心，並任哲學系負責人。本來，傅科回國後被邀重返南泰爾大學心理系任教授，但他舉棋不定，原因是多方面的。主要原因是，一方面，他不想再教心理學，另一方面，他面臨著幾種選擇——巴黎大學、高等研究實驗學校和法蘭西學院。後者是傅科夢寐以求的去處，維伊曼和伊波利特一直在為傅科進法蘭西學院努力。早在1967年春，康吉漢給遠在突尼斯的傅科寫信，建議他不必去巴黎大學和高等研究實驗學校任教，因為會有礙於他以後入選法蘭西學院。

傅科在巴黎樊尚大學的歲月，是極不平凡的。「五月風暴」對法國知識分子的影響異常深刻，餘波未完全停息，時常發生動亂。法國政府不得不進行某些教育改革。籌建樊尚實驗大學中心，便是這一改革的產物。在改革過程中，也出現了新的矛盾。新任法國教育部長福爾 (Edgar Faure, 1908–1988) 委託拉・凡爾尼 (Raymond

Las Vergnas)負責這項改革工作。拉·凡爾尼在1968年10月成立由康吉漢、巴爾特、德希達等二十人組成的指導委員會，負責自行遴選教師。應康吉漢要求，經過拉·凡爾尼的巨大努力，傅科在1968年12月1日被選為哲學教授。這標誌著傅科的教學生涯有了新的希望和轉機。他沒有親自參加「五月風暴」， 這對他是有利的。他招聘了當年全法哲學界精兵強將，如德勒茲（因健康原因而推辭）、塞爾 (Michel Serres, 1930–)、巴里巴爾 (Etienne Balibar)、夏特勒 (François Châtelet, 1925–) 以及阿圖塞和拉崗的門徒、青年哲學家，尤其是《分析雜誌》創辦組成員。

樊尚大學於1968年12月開學，次年1月正式上課，開學不久學校鬧學潮。該校教師尤其是傅科領導的哲學系成為「五月風暴」中積極分子的中心，可與巴黎第十大學相提並論，哲學系課程設置過分偏重政治和馬克思主義，學生的構成情況也大致相同；再加上「五月風暴」餘緒未完，這兩種情形是這次學潮的直接原因。在學潮中，傅科與警察發生衝突而被捕，不過僅在警察局被關了一夜。傅科認識到這是一次「政治權力」和「政治活動」的嘗試，但放不下他孜孜追求的學術事業，2月開設兩門課程：「性與個人」和「尼采與系譜學」。❷⑥

我們可以發現，對於傅科，學術與權力兩不誤，學術的任務是對「知識」的審視，權力可以實現「政治」的理想。知識只有與權力結合才是有用的，權力也只有與知識結合才是有力的。樊尚大學學潮發生不久，巴黎大學出現騷動，迅速波及法國其他大學和中學。

---

❷⑥ 1971年發表的〈尼采、系譜學和歷史學〉， 也闡述了尼采與系譜學間的關係，建立了他自己的系譜學方法論。這篇論文對理解傅科系譜學有很重要的意義。

傅科與德費爾、沙特一道走上街頭發表演說，表明他們對時局的觀
點：無論如何，必須堅持上課，樊尚大學上課內容與當時政治和樊
尚人的世界觀密切相關。我們可以從1968年至1969年的課程計畫裡
得到證明：「修正主義──左傾主義」（朗西耶爾(Jacques Rancière,
1935-　))、「社會組織科學與馬克思主義哲學」（巴里巴爾）、「文
論革命」（米萊(Judith Miller))、「意識形態鬥爭」（巴迪烏(Alain
Badiou, 1937-　)) ❷……，至於傅科，他講授「性慾問題」和「形
而上學的終結」，1969年至1970年間致力於生物學認識和尼采哲學
研究。傅科在巴黎樊大工作期間正遇多事之秋，必須承受各方面的
打擊和壓力。值得慶幸的是，他在這裡是不會久待的，因為他久慕
的法蘭西學院教授寶座正在向他招手。他時刻準備著從容地走上去。

　　多年前，杜梅齊爾、伊波利特和維伊曼就非常器重傅科，讚賞
他的才華，並且為他跨進法國最高教育機構──法蘭西學院──而
茹苦含辛。聞名遠近的法蘭西學院，坐落在索邦大學附近，應著名
古希臘研究者比德(Guillaume Budé, 1467-1540)的請求，1530年由
法國國王弗朗索瓦一世 (François 1er, 1494-1547) 創立，最初叫做
「三語（拉丁語、希臘語和希伯來語）學院」，後改為「王室讀者
學院」，法國王朝復辟時期演變成「法蘭西學院」，1852年，隸屬於
國家教育部，與大學完全獨立。現在約有五十個教授職位，學院教
授由政府任命。它接納了許多著名思想家，如埃及學家尚波利翁
(Jean-François Champollion, 1790-1832)、史學家兼作家米歇萊
(Jules Michelet, 1798-1874)、作家雷南 (Ernst Renan, 1823-1892)、
哲學家柏格森、作家瓦萊里(Paul Valéry, 1871-1945)、波蘭詩人米

---

❷　參見Didier Eribon, *Michel Foucault*（《米歇爾・傅科》），1989, Paris:
　　Editions Flammarion, p. 219.

基維茲 (Adam Mickiewicz, 1798–1855)、生理學家貝爾納 (Claude Bernard, 1813–1878)……，以及後來的列維–斯特勞斯、杜梅齊爾、維伊曼、伊波利特、傅科、阿宏、格朗熱 (Gilles-Gaston Granger, 1920–　)……。㉘

　　遴選傅科為法蘭西學院教授之時，杜梅齊爾已經退休且早在美國講學，不過他離開法蘭西學院前為傅科的候選資格做了不少工作，這時雖身在美國，但依然幫助著傅科，這是至關重要的。至於伊波利特，於1968年10月已逝世。伊氏生前從未停止支持傅科進法蘭西學院，特別是《詞與物》的巨大成功，更增強了伊波利特的信心，同時努力向同事們舉薦傅科，陳述傅科候選資格的可能性。杜氏退休，伊氏過世，傅科的正式推薦人落到了維伊曼肩上。更確切地說，維伊曼將在全體教授會上建議為傅科設立一個新的教授職位，來接替伊波利特所空下的教席。

　　傅科將面臨著激烈的競爭和挑戰。1969年11月30日，星期天，下午兩點半，法蘭西學院全體教授聚集在一起，決定設立社會學和哲學教職。就哲學教職言，參加競選伊波利特繼承者的候選人有三位獲得提名，他們是里柯、貝拉瓦爾(Yvon Belaval, 1908–1988)和傅科。維伊曼建議將伊氏的「哲學思想史教授職位」改設為「思想體系史教授職位」，這也是傅科本人所希望的；拉丁文學家庫爾塞爾(Pierre Courcelle)，主張為里柯建立「行為哲學教授職位」；神經生理學家費薩爾(Alfred Fessard)，提出為貝拉瓦爾設立「理性思維史教授職位」。㉙看得出來，傅科與里柯、貝拉瓦爾間的競爭，變成

㉘　路易十三世時期修造的建築物，1930 年來由著名建築師夏爾格蘭 (Jean-François Chalgrin, 1739–1811)進行翻修，學院規模明顯擴大。

㉙　參見Didier Eribon, *Michel Foucault* (《米歇爾・傅科》)，1989, Paris:

了維伊曼與庫爾塞爾、費薩爾間的競爭。經過兩輪緊張的投票，滿懷信心的維伊曼終於獲勝，年僅四十三歲的傅科當選。1970年春，法國教育部長正式下文任命傅科為法蘭西學院思想體系史教授。這，不僅僅是傅科學術生涯中的一件喜事，而且是法國哲學界和文化界的大事。

維伊曼的這次勝利贏得異常艱難。傅科首先作了一份履歷表（包括學習、文憑、職務……），編出著述目錄（包括著作、文章、序文、譯作……），還概述了從《癲狂與非理性》到《知識考古學》的著作內容，陳述了他的研究工作，表明了他的思想道路，總結了他的教學工作。關鍵在於如何理解「思想體系史」；相應地，維伊曼也應在教授大會上闡明設立「思想體系史教授職位」的充分理由，為此，他把傅科請到家中共同討論了好幾個夜晚。他們討論到《知識考古學》中的「陳述」概念時，傅科反覆向維伊曼解釋他想說的意思，可是維伊曼仍然認為這個概念的含義非常模糊。傅科發怒了，指責維伊曼沒有誠意，把門「砰」地一聲關上，便從維伊曼家揚長而去。維伊曼並沒有灰心，寫出了一份頗有說服力的推薦報告。經過維氏的努力，法蘭西學院思想體系史教授職位終於設立，維伊曼十分成功地把傅科引上了這一神聖的職位。傅科被選為法蘭西學院教授，其學術地位和學術權力提高了，其哲學思想進入了全新的發展時期。

1970年9月至10月，傅科應邀去日本講學，作了三次演講，題目分別是「馬內(Manet)」、「癲狂與社會」、「返回歷史」。❸他向日

Editions Flammarion, p. 231。

❸　傅科的《診所的誕生》和《精神病與心理學》的日文本分別於1969和1970年在日本出版，還有文學理論論文也介紹到了日本。

本友人預告了正在寫一本關於歐洲刑罰制度和犯罪史的書。**❸** 從日本回到巴黎後，傅科閱讀了斯多噶派著作、德勒茲的《差異與重複》和《意義邏輯》，並作評論，以Theatrum Philosophicum（〈哲學戲劇〉）為題發表在同年11月的《評論》上。

1970年12月2日，傅科發表就職演說，**❸**法蘭西學院盛會空前。豪華的報告大廳裡，擠滿了喧嚷的人們：法蘭西學院全體教授、大學和文化界知名人士、傅科的年輕崇拜者。他們從四面八方趕來參加傅科入院儀式。學院行政官員沃爾(Etienne Wolff)作了簡短發言，表示歡迎新任教授傅科的到來。這時聽眾席鴉雀無聲。接著，傅科開始演講，聲音低沈，言談謹慎，情緒緊張，心情激動，深深打動了在座的所有聽者。他演講的題目是「論說秩序」，次年由伽利瑪出版社出版。《論說秩序》制定了關於權力—知識的研究計畫。入院就職演說標誌著傅科在法蘭西學院教學和學術生涯的開端，他在這裡從教至1984年6月逝世為止，度過了他一生中最輝煌的十四個春秋。

任職於法蘭西學院後，傅科的學術活動進入後期，這一時期的主要作品有《監視與懲罰》(1975)和《性慾史》(1976–1984)。重在用系譜學研究深藏於歷史底層的認識論，具體探討權力和道德的起源及演變，他試圖從各方面分析人的問題。傅科的後期思想明顯受到德國唯意志論者尼采的深刻影響。尼采的意圖在於破壞基督教文化，傅科則在於毀滅歐洲傳統史學，反對歐洲近代文化，開後現代

---

❸　即《監視與懲罰》，臺灣已有中譯本，據英譯本譯作「規訓與懲罰：監獄的誕生」，臺北：桂冠，1992年。

❸　這篇演說在1971年2月以 *L'Ordre du Discours*（《論說秩序》）為題出版。成書內容與演說有些差別。

主義先河。

　　傅科在講臺上陳述他正在從事的學術工作，提出所思考的假說。這是法蘭西學院的傳統，要求教授必須精心備課。學院教授沒有通常意義上的學生，這些學生是自由的聽課者，不參加任何考試。聽課者能在學院獲得真知，懂得思想何以誕生和怎樣從事學術工作。法蘭西學院的教學風格獨樹一幟，可謂「開一代風氣」，學院各課引人入勝，這裡是產生思想家的搖籃。傅科的課尤為令人神往和讚嘆，每每聽眾如雲。

　　與此同時，傅科走出書齋，積極投身於社會活動。1971年2月8日，在聲援毛派政治犯時，傅科與歷史學家維達爾－納凱(Pierre Vidal-Naquet)、《精神》雜誌編輯多梅納克(Jean-Marie Domenach)共同創建了監獄調查小組（Groupe d'information sur les prisons, 簡稱G.I.P.），㉝傅科發表了成立宣言。這個小組的成員有法官、律師、記者、醫生和心理學家。其作用在於從監獄境況的角度諮詢法院。傅科與德費爾等人做了頗富成效的工作。該小組對近現代歐洲刑罰制度進行過許多討論，分析了近代監禁和監獄的誕生，反思了當代暴動(révolte)問題，意在重構權力主體性結構和探求權力的本質。這些正是他*Surveiller et Punir*（《監視與懲罰》）一書的主要內容。監獄調查小組是68年運動的產物，成了傅科進行新的思想過渡的嘗試性工具，大大推動了傅科對監獄的探索，為《監視與懲罰》積累了大量素材。1972年12月宣布解散。

　　1973年4月，傅科完成《監視與懲罰》初稿。1974年年度課程為「反常現象」，3、4月間又重寫了該書的幾個部分，同年8月26日

㉝　傅科的伴侶德費爾加入了這個小組，他的其他朋友如德勒茲等人也相繼參加。他們對傅科的社會活動支持很大。

定稿，並打算研究政治經濟學、策略和政治。1975年2月，本書以 *Surveiller et Punir: Naissance de la prison*（《監視與懲罰——監獄的誕生》）為名出版，立即引起讀書界和評論界的熱烈回響，相繼被譯成各種文本，很快成為國際暢銷書。這是傅科運用系譜學研究權力、知識、監視、懲罰、監獄間關係的重要成果。它是尼采系譜學方法的創造性運用和發展，也是知識考古學的繼續和深化，在法國當代思潮中尤其是在刑法學領域具有里程碑意義。同年4月，《新觀察家》雜誌以〈法國大學大祭司〉為題報導了拉崗、巴爾特、利奧塔(Jean-François Lyotard, 1924–)和傅科。10月和11月到巴西聖保羅大學、哥倫比亞大學等地講學，內容涉及精神病學化、反精神病學、醫學、暴力、精神病學等主題。向法蘭西學院提議為巴爾特設立文學符號學教席。12月，德勒茲在《評論》雜誌第343期發表對《監視與懲罰》一書的分析，稱傅科為「新一代地圖繪製者」。

在「五月風暴」期間，傅科雖遠在突尼斯而未能受到風暴洗禮，並為此深感遺憾，但他回國後深深體驗著這場風暴殘留下的影響和教訓，政府的某些非正常狀況仍然存在。法院、警察局、醫院、避難所、學校、軍隊、新聞界、電視臺以至整個國家，都存在著種種非正常現象，傅科深感不安。

1969年至1977年間，法國政局動盪激烈，內閣更迭不休。蓬皮杜當選為總統，任命沙邦－戴爾馬(Jacques Chaban-Delmas, 1915–)為總理，直到1972年7月由梅斯梅爾(Pierre Messmer, 1916–)接任。在1973年的立法選舉中，保衛共和聯盟及其同盟者失去了不少席位。次年3月蓬皮杜總統逝世。同年5月吉斯卡爾・德斯坦(Valéry Giscard D'estaing, 1926–)戰勝密特朗(François Mitterrand, 1916–1995)，就任總統。他任命希拉克(Jacques Chirac, 1932–)為總理。

美、蘇在歐洲激烈爭奪市場，國內經濟危機四起，左翼勢力不斷發展壯大，導致了總統為首的多數派內部分崩離析。希拉克在1976年夏辭職後，巴爾(Raymond Barre, 1924-　)接替總理之職，並實行振興經濟計畫。直到1977年春，左翼聯盟在市政選舉中取得明顯優勢，這沈重打擊了德斯坦總統及其同盟者。

在這一時期的諸多問題中，傅科最關注的是犯人生活狀況，監獄成為他的主要研究主題。監獄調查小組的活動是傅科在七〇年代初期最主要的事業。以這個小組的名義，他團結了許多社會名流，如電影明星蒙唐 (Yves Montand, 1921-1991) 和西尼奧雷 (Simone Signoret, 1921-1985)、哲學家德勒茲 ❸ 和讓凱萊維茲 (Vladimir

---

❸　傅科在投身左派運動的過程中，結交了眾多的政治同仁，可是，他後來和德勒茲交惡，使他們十四載的友誼毀於一旦。從1962年在克萊蒙 – 費朗大學相識以來，他們的友誼日漸深厚，始終站在一起。1975年至1977年，法國政治環境發生了巨大變化，傅科進退維谷。也許正是這種變化使傅科和德勒茲分道揚鑣，甚至不再相見，給他們蒙上了一層不可抹去的陰影，成為他們晚年生活的悲劇。但彼此仍舊關注對方的著作和文章，這是他們唯一而獨特的聯繫方式。在對待前西德律師克魯瓦桑(Klaus Croissant)到法國尋求政治避難這一事件上，他們的觀點頗為不同。傅科堅決反對克魯瓦桑引渡到法國，德勒茲和他的朋友加塔利 (Félix Guattari) 則持完全相反的態度。他們的關係已經白熱化。傅科從此對「德勒茲」不再直呼其名，而以「某人」相稱。眾所周知，傅科所謂「某人」明指「德勒茲」。 這些充分表明傅科果斷好鬥的個性和不變的政治立場。傅科把自我個性和政治立場完全置於友誼之上。可喜的是，傅科在彌留之際，表現出了對德勒茲的寬容和善意。德勒茲在傅科的葬禮上致了動人的悼詞，更重要的是，1986年出版《傅科》一書，在巴黎第八大學（樊尚大學）專門講授傅科思想，講課錄音現存於巴黎傅科中心，以表對亡友的深切懷念之情，亦作永恆紀念。傅科應該含笑九泉，安然長眠，政見分歧終究泯滅不了他們之間的真

Jankélévitch, 1903–1985)、《費加羅報》記者莫里亞克 (Claude Mauriac)……，走上街頭，參加遊行並發表演說，反對當局暴政，可謂「慷慨激昂」。傅科主張讓犯人自己發表意見，而不是代犯人發言。1972年犯人活動委員會出版第一本小冊子《從監獄到暴動》，為利弗羅澤(Serge Livrozet)著，傅科為之作序。德勒茲認為，這是傅科的重要探險和知識經驗，有了陳述監獄的新方式。**❸❺** 對於犯人的生活狀況、人類精神病、社會現象、經濟現象以及法律現象，他再也不可無動於衷。他要說，要寫，要行動。他開始深入考察監獄、犯人及其生活條件。這一考察活動為寫作《監視與懲罰》準備了條件。調查材料成了本書的豐富素材。其實，在他早期著作《癲狂與非理性》中表現出他的這種雄才大略。至此，我們不難理解傅科的思想如何在演進，從六〇年代到八〇年代的思想如何發生了根本變化，其主題如何在更新又存在著內在的必然聯繫。每次變更都是傅科龐大學術計畫中的一環，每個主題都是這一計畫中的一個方面。每一時期要研究的內容，他都成竹在胸。

在《監視與懲罰》問世之前，傅科和他的研究小組出版了《我，皮埃爾・里維葉爾殺害了我的母親、姐妹和兄弟……》。本書論述了十九世紀弒父母罪的情況。他們的科研和教學都集中於法庭、監獄和刑法問題上。他們公開反對死刑。自1970年開始，傅科除了從事教學和科研活動外，全力投身社會活動，拋頭露面，日益受到公眾的注意，幾乎成了法國各大書刊報導的焦點，他的名字如雷貫耳。作為社會活動家，曾一度遠勝於他作為學者的影響。

摯友情。德勒茲時隔九年墜樓西去，九泉相逢相知否？

❸❺ 參見Gilles Deleuze, "Foucault and Prison"（〈傅科與監獄〉），History of the Present, No. 2 Printemps 1986。

1975年，《監視與懲罰》問世後，傅科開始為出版《性慾史》作準備。這兩部著作都著力探索權力及其行使方式問題。它們問世後，和他其他著作一樣都引起巨大轟動。他在早期學術活動中把馬克思、尼采和弗洛伊德當作精神上的導師，後期日漸與馬克思和弗洛伊德決裂了，現在緊步尼采學說後塵。在尼采權力意志的道路上更加勇猛前行，連研究方法也是尼采系譜學方法的翻版。在《性慾史》中，傅科卻以知識意志為出發點分析人類性行為，力圖在《監視與懲罰》的基礎上進一步闡明性與權力、知識與權力等問題，試圖發現歐洲文明自十七世紀以來的社會、政治、經濟、法律、倫理、宗教等對歐洲性觀念形成的作用，以及人之性、性慾、性行為、性觀念對社會、政治、法律等的反作用。一句話，傅科試圖揭示由性和性慾產生的一切關係。《監視與懲罰》則致力於通過懲罰肉體程序和刑罰機構等社會現象找到權力本質，這是兩部著作的區別。1975年1月7日，開始了本年度講座「應當保衛社會」的第一講。傅科在這一年的講座中主要對權力關係問題進行具體分析。

早在《癲狂與非理性》一書序言中，傅科便提出了對性問題進行研究的宏大計畫。他在法蘭西學院的第一年所開課程，是「知識意志」(La Volonté de Savoir)，這成了《性慾史》第一卷的書名。《知識意志》一書於1976年8月在家鄉旺德弗爾完成，12月作為《性慾史》第一卷出版。《性慾史》預計六卷，但傅科又不想寫。他最終只完成了四卷，另兩卷永遠為空白。《知識意志》是《性慾史》的導言，提出了許多具有普遍意義的問題，勾畫出了研究性慾的意圖、目的、方法、分析領域等方面。傅科想改變寫作風格，準備從大量原始文獻入手探討兩性畸形問題。從這裡，我們可以發現《性慾史》的二、三、四卷與第一卷大相逕庭的痕蹟。

在《知識意志》的封底上，傅科列出了後五卷的題目，它們是《肉慾和身體》、《兒童運動》、《婦女、母親與癔病患者》、《性反常者》與《人口和種族》，而最後寫成的四卷本後三卷是《快感的享用》、《自我的關切》和《肉慾的供詞》。它們的內容與《知識意志》預先所論相去甚遠。可以說，《性慾史》誕生於舊計畫修正和新計畫擬定之時。弗洛伊德也曾致力於性問題研究並獲得成果，但在傅科眼裡，弗氏的工作太微不足道了。傅科應該批判弗氏對於性的精神分析，從而建構自己的性慾理論。《快感的享用》論述了古希臘思想家所思考過的性行為方式，這種性行為是道德選擇和道德評價領域，探討了倫理基礎、臣服類型、自我建構形式與道德目的論，闡明醫學和哲學思想何以建立「快感享用」概念及怎樣揭示性慾節制與如下四者的關係：與肉體的關係、與妻子的關係、與小伙子的關係、與真理的關係。《自我的關切》分析了西元一至二世紀的希臘文和拉丁文文本，研究了受自我關懷支配的生活藝術中的種種變化。在傅科看來，自我關切就是自我憂慮，愈關切就會憂慮，這種性關係上的關切對象不是別的，而是自身、自身的肉體以及自身肉體的快感。因此，快感享用直接影響著自我關切（自我憂慮）的成敗。《肉慾的供詞》探究基督教初期對肉慾經驗的看法，基督教認為肉慾是惡之源，研究對慾望的解釋和淨化在此經驗中所起的作用。

1977年1月4日開始的年度講座「安全、國土和人口」(Sécurité, Territoire et Population)，標誌著傅科的興趣轉向了統治性 (gouvernementalité)，**❸⑥**其目的是建立關於安全社會的系譜學。讓人耳

---

❸⑥ 1978年2月1日，傅科在法蘭西學院所作的關於統治性的講座，是他研究統治性問題的開端，講座稿刊於義大利雜誌 *Aut-Aut*（1978年9月至12月，第167–168期）。

目一新。同月開始寫作《性慾史》第二卷，思考基督教的「肉體」或「肉慾」觀念，試圖通過基督教的懺悔活動與良心引導活動來構建色慾的世系。3月，《詞與物》的俄語版在莫斯科出版，在前蘇聯引起強烈回響。《法國大革命歷史年鑒》刊載了一系列關於監獄的歷史研究的論文，《監視與懲罰》受到批判。1978年1月10日，法蘭西學院年度課程「生物政治的產生」論述了自由統治性問題。4月，再次東渡日本講學，演講主題有「性與權」、「透過日本和法國的精神病院與監獄的實踐看權力」、「關於性慾史」等。5月27日，傅科在法國哲學學會上作了題為〈什麼是批判？——批判與啟蒙運動〉的報告（刊於1990年4月至6月的《法國哲學學會通報》）。傅科晚年經常閱讀康德論歷史的小冊子，特別重視康德的啟蒙觀。5月出版 *Herculine Barbin, dite Alexina B*（《埃居麗納・巴班，綽號叫亞歷克納B》）一書，考稽亞歷克納B的兩性畸形病例，這說明傅科始終沒有放棄精神病學研究。本書有助於《性慾史》二、三、四卷的寫作。這一年夏天，在家門口被汽車撞成顱傷，得偏頭痛。這給傅科帶來了無法抹掉的巨大陰影，特別是在1980年4月19日參加沙特葬禮時，傅科強烈地感到自己的死期在一步步逼近。

　　1979年1月開始的年度課程是「活人的統治」，並打算次年開設關於十九世紀末的虛無主義的講座。1980年年度課程為「真理與主體性」，2月的《世界報》以「隱蔽的哲學家」為題報導了傅科。沙特病入膏肓，傅科在法國知識界的主將地位日顯突出。3月26日，摯友巴爾特去世。10月和11月應邀到柏克萊大學和紐約大學講學，演說題目是「真理與主體性」、「性慾與孤獨」、「基督教與懺悔」。1981年1月7日，傅科以「主體解釋學」為題開始了他本年度的課程，開始對自我技術進行調查研究。❸❼自我技術就是自我統治方式。與

埃瓦爾德(François Ewald)共同主持法律社會學講座，以促進法學的發展。3月至5月，傅科反對密特朗競選法國總統，認為社會黨人管理不好法國，由此可見，他一直關注著權力問題，致力於社會政治活動，努力探討知識和權力間的關係。美國《時代雜誌》（11月16日）稱傅科為「法國權力哲學家」。1982年，擬開設年度課程「自我和他人的統治」。10月至11月打算在Seuil出版社出版《自我和他人的統治》，以探討倫理學和政治學間的關係，研究自我關切、政治生活、聽聞、書寫、自我實踐、自我和他人等概念，但未成稿。1983年，擬開設年度課程「自我和他人的統治：真理的勇氣」，3月，完成《性慾史》第二卷《快感的享用》手稿（8月重作序言）。同月，哈伯馬斯(J. Habermas)應邀來法蘭西學院講學，傅科與哈伯馬斯多次會晤。

傅科的研究從「人類精神病」，經過「知識」和「權力」逐漸過渡到了「人之性」，這是他的思想歸依。雖然《性慾史》是一部未了的巨著，而傅科為這一久盼的歸依付出了沈重代價，甚至把自身的肉體和靈魂作為試驗對象，去感受慾望個體的「終極體驗」。所謂「終極體驗」，就是各種直接與死亡有關的非理性或反常性體驗。它對傅科各個時期的思想變化起著決定作用。隨著體驗的漸深，進而達到極限的頂峰，使傅科根本改變了《性慾史》首卷預告的性觀念。可以說，傅科一步入學壇就重視「終極體驗」，其全部著作都是不同形式的「終極體驗」的產物。對這種體驗的無限執著和盡情迷戀，激起他去冒同性戀、死亡和癲狂之險，嘗試吸毒，領悟夢幻興奮，最後敗倒在愛滋病之下，消除歷史轉而消解了自己，迫使他

㊲ 這是傅科在法蘭西學院最後一年開課，因為其健康每下愈況，並準備辭職去美國柏克萊定居以開講座。

真真切切地接受死亡的判決。對傅科來說，生活就是哲學，哲學就是生活。如何生活就如何沈思，如何沈思就如何生活。若不理解這一點，則無法澄清傅科思想之謎。他把自己的生活和哲學同時推向慾望試驗場，這無非是為了深入探索癲狂、性慾、同性戀等人類非正常行為的認識論意義，無非是為了在更深層次上尋找這些非正常行為引起的一切關係，從而獲得真理、真實或原原本本的自我，無非是用異乎尋常的思考方式達到終極體驗式的完美的思想境界。

六、最後時光

傅科在撰寫《性慾史》過程中，漸感身體乏力，很清楚應該悉心關照自己。艱苦的工作與可怕的病魔糾纏著他的身體和心靈，傅科面臨著隨時都要擁抱死亡的危險，就像迎接生命一樣。病魔取代了工作，死亡將戰勝生命。這是無法抗拒的毀滅力量。

1984年1月傅科接受抗生素治療，認為自己患了愛滋病，但仍帶病工作和審定《快感的享用》；3月，傅科定期上塔爾尼葉(Tarnier)醫院檢查，總問醫生他還能活多久，死亡時刻威脅著這位普瓦提埃哲人；❸❽4月閱讀卡夫卡《日記》，繼續撰寫《性慾史》第四卷《肉慾的供詞》手稿；5月14日，《快感的享用》出版，《性慾史》第三卷《自我的關切》也在6月出版（本月20日在巴黎薩爾佩特利耶爾(Salpêtrière)醫院病榻上收到了樣書，6天後便撒手人間）。入院前的5月29日，傅科已精疲力竭，但在家中高興地接受了青年哲學家斯卡拉(André Scala)和巴爾貝代特(Gilles Barbedette)的採訪，這是傅科一生中最後一次學術對話。在訪談中，他第一次透露了海德格對

---

❸❽　傅科出生於普瓦提埃(Poitiers)。

他的重要影響。閱讀海德格使他走上了如此的哲學之途，因為如果不讀海德格，就很可能不會讀尼采。關於尼采的專文也只有一篇，關於海德格，傅科沒專門寫過一篇文章。自稱對海德格了解甚少，理解尼采遠勝於理解海德格。他把自己心目中的哲學家分為三類：**他不懂的哲學家、他懂且論的哲學家和他懂而不論的哲學家。**❸

　　1984年6月2日，堅強的偉大的哲學家傅科終於病倒在家，這意味著他將離開已生活十六年之久的住所，將永遠走下法蘭西學院的講臺。他被送往他家附近的一家診所，後轉入薩爾佩特利耶爾醫院。他在《癲狂與非理性》中詳述過這家醫院的作用和演變過程。沒料到這裡成了他生命的最後居處。

　　傅科一進醫院便不住地呻吟且與死亡作最後一搏。他不想死。雖然他不敢相信自己患了愛滋病，但深知自己將成什麼樣子，對自己死期即至是十分清楚的。與生死攸關的呻吟與搏鬥，是一種最終極的體驗形式。儘管他痛得如墜五里霧中，還堅持校對《自我的關切》的清樣，修改《肉慾的供詞》。這些學術成果是他最後的著作，是用生命換來的。

　　他的病情一天天惡化，他卻依然若無其事地笑，甚至笑出聲來，與好友們逗樂。他在病房接待了德費爾、居貝爾 (Hervé Guibert)、蘭東 (Mathieu Lindon)，同時特別想見他的老師康吉漢，但未能如願以償。1984年6月25日下午一點十五分，傅科醫治無效，病逝巴黎，享年五十八歲。翌日，法國報界和新聞界長篇報導了這一噩耗，《世界報》、《解放報》、《新觀察家》等報刊雜誌闢出專版報導。傅科之死猶如他的著作一樣引起了巨大震驚，其生前親友和公眾簡直

❸　參見〈道德的回歸〉，"Les Nouvelles littéraires", No. 2937, 28 juin–5 juillet 1984。

不敢相信哲人已萎。

傅科死了，意味著傅科自身的終結，意味著「歷史結束」和「人的死亡」的終結。傅科的所有努力都宣布「一切結束」，他的時代是個說「結束」的時代，他死了，不再說「一切結束了」、「人死了」，難怪有人宣稱：「傅科之死標誌著一個時代的死亡」，即一個說「結束」的時代的終結。哲人雖萎，風範猶存。

葬禮那天黎明，眾多各界人士來向傅科作最後告別。杜梅齊爾、康吉漢來了，德勒茲來了，德費爾來了，傅科的母親和全家人都來了，不管是知名者還是無名者，都來了。長長的人群、久久的沈默，令人感到窒息，令人無法不悲傷。德勒茲以極其沈痛的心情致了悼詞。傅科長眠於旺德弗爾墓地。

傅科的嚴謹學風和創新精神，對筆者影響甚深，令筆者敬之愛之。謹撰一聯以補追念之情：

　　筆戰群雄，排眾議，思超康尼❹；
　　獨領學壇，播思想，解構史學。

---

❹　康尼，指康德和尼采。

第二章　研究方法

——從考古學通向系譜學

　　傅科的思想特徵及其獨創性，取決於他特殊的研究方法與異乎尋常的論題。傅科的研究方法是考古學和系譜學，論題主要有「癲狂」(folie)、「疾病」(maladie)、「死亡」(mort)、「知識」(savoir)、「知識圖式」(épistémè)、「間斷性」(discontinuité)、「罪行」(crime)、「監獄」(prison)、「權力」(pouvoir)、「性慾」(sexualité)、「同性戀」(homosexualité)，等等。傅科在哲學領域發現了另一類人：「狂人」、「病人」、「死人」、「考古人」、「犯人」、「同性戀人」等等。這些方法和論題，未曾有人像傅科那樣從哲學高度系統地探索，對傅科自己的整個思想態度產生了決定性影響；它們引起了傳統哲學家們的關注。他所研究的主題正是他同時代的人們感興趣的，因此，其著作總是受到廣泛歡迎，他的社會地位和學術威望平步青雲，他的私人生活亦倍受注目，以致人們緊緊追問不放。傅科如此震動知識界和社會領域，不僅與他的生活、研究方法和論題有關，而且有思潮上的社會和文化背景。傅科的時代是後現代思潮在歐洲盛行的時代，他本人就是這一思潮的主要代表和開山人。

　　第二次大戰後的法國人信仰馬克思主義(marxisme)，成為時尚。

後來存在主義(existentialisme)與人道主義(humanisme)逐漸取代了馬克思主義，結果依然使法國人失望，於是，正在形成中的結構主義(structuralisme)很快占領了法國思想界。傅科卻對結構主義持強烈的批判態度，試圖運用新的分析方法進行哲學思考。這一新方法就是傅科的考古學和系譜學。什麼是考古學？什麼是系譜學？它們有何區別和聯繫？

一、知識考古學

1. 傳統考古學

「考古學」(archéologie) 一詞，在詞源上來自希臘語詞 "arkhaiologia"。這個希臘詞以"arkhaios"為詞根。"arkhaios"有「始」、「初」、「古」、「基礎」、「始基」、「本原」(principium)等含義。"arkhaios"和"principium"又有「原理」、「原則」之意，即基礎性規則。「始基」、「本原」是古希臘哲學的基本概念。最初，「始基」、「本原」概念與物質性東西相聯繫，如泰勒斯 (Thalès，約前624–約前547) 認為，宇宙萬物的「本原」是「水」。 這一本原還有「氣」、「火」等，在探索物質本原方面，古代中國人與古代希臘人有相似之處，比如「五行（水、火、木、金、土）」，都對世界始基持樸素唯物主義觀點。始基是組成萬物的最簡單的元素，是物質的根源、依據、基礎、道。古代哲學思維得到不斷發展，哲學家關於物質本原的觀點也在發生變化。可見，考古學最初為本原學、始基學、初始學或基礎學。柏拉圖用「理念」取代了「本原（始基、初始、基礎）」， 認為理念永恆不滅，無處不在，是個別事物的模子、範型，

個別事物不過是理念的摹品、臨本。人的認識從本原學上升到了理念學，從唯物（極物、物至上）達到了唯心（極心、心至上）。

考古學的作用在於發掘出基礎性文物。基礎性文物就是出土的本原性現象，是人類的原初文化紀念物。考古的對象便是實物，是最簡單、最基本、最基礎、最原始、最久遠的文化蹤蹟，有著具體的內容。傳統考古學自然注重對實物的發現、考據和分析，是根據實物史料研究古代文物和社會歷史的科學；它常常運用自然科學材料揭示沒有文字可考的史前文明，探尋古代社會的經濟狀況、物質條件和精神風貌，更準確地總結人類歷史的發展邏輯；與此同時，它給歷史學提供了豐富的材料，為歷史學服務，這是與歷史學一致之處；但是我們應當注意到，考古學又異於歷史學。

考古學對象是實物材料，這些材料往往深藏於地下，必須通過挖掘才能進行探究。歷史學是揭示人類社會的發生發展規律的學科，利用包括考古發現物在內的一切史料和歷史事件，探討從古至今的社會、國家和民族的綜合史、分期史或分類史，也研究歷史學本身的歷史。傳統考古學屬於歷史學的一個部門。考古學既然分析最久遠的史前史和沒有文字記載的時代，關注的對象總是先於歷史學、歷史編纂學、歷史文獻學的對象。考古學也早於歷史學成為科學。歷史學家不一定是考古學家，考古學家應當都是歷史學家。由於歐洲人的科學歷史意識產生較晚，因此歷史學成為科學，直到馬克思和恩格斯 (Friedrich Engels, 1820–1895) 創立馬克思主義史學之時才變成現實。

2.知識考古學與傳統思想史的對立

傳統考古學不僅與歷史學一致，而且是歷史學的一個分支，但

知識考古學（「傅科考古學」）與歷史學（特別是思想史）相互對立。

　　知識考古學與傳統思想史學有那些差異呢？為了回答這一基本問題，傅科本人在如下論著裡明確提出了知識考古學的結論、意見、原則及標準。這些論著為：《知識考古學》、〈論科學考古學——回答認識論協會〉（載《分析雜誌》法文版，1968年第9期），和〈回答一個問題〉（載《精神》雜誌，法文版，1968年第371期）。

　　第一、關於知識考古學的結論問題。

　　傅科站在考古學的立場上，發現了存在於傳統思想史裡的許多間斷性、突變性事件。傳統歷史學十分武斷地確立了富有時空特徵的歷史現象間的對立關係、因果聯繫、循環決定關係。傅科作為考古學家，試圖徹底清算歷史學家的武斷論。知識考古學揭示潛藏在歷史底部的層積文物、知識化石與斷裂關係，重新闡述知識系統產生和存在的各種條件。事實上，傅科並不是發現和論述間斷性、突變性等概念的第一人。在傅科之前，巴歇拉爾、康吉漢、塞爾、蓋魯爾 (Martial Guéroult, 1891–1976) 和阿圖塞等哲學家已經對間斷性、突變性、中斷性、斷裂性等概念進行過論述。巴歇拉爾找到了認識論入口 (seuil)，這個入口中斷了知識的不確定性並合。康吉漢分析了有效場域內的突變 (mutations)、轉移 (déplacements)、變化 (transformations)以及概念的使用規則。塞爾討論了數學領域的轉化和中斷理論。蓋魯爾闡述了封閉體系和閉合的概念結構，它們標示著哲學的言說領域。阿圖塞在《為了馬克思》一書中提出，我們要建立一門科學而使之擺脫過去的思想框架，這時，我們發現的最根本的斷續症，就是理論轉化工作所帶來的裂口（斷裂）。他們差不多在同一時代揭示了存在於科學史、思想史、哲學史之中的斷裂性現象。傅科進一步指出，在文學分析領域存在著同樣的情形，彰顯

出來的，並不是一個時代的靈魂或者同情心，文學的群體、派別、一代或者運動，也不是作家筆下的人物，而是一部作品(œuvre)、一本書(livre)、一個文本(texte)特有的内在布局。❶ 應該說，傅科的研究是對巴歇拉爾等思想家的繼承和發展。

「間斷性」，在知識考古學裡，是個相當重要的概念；它類似於巴歇拉爾和阿圖塞的「科學斷裂」(coupure scientifique)，也很像庫恩(Thomas Samual Kuhn, 1922-　)的「科學革命」(scientific revolutions)；不同之處在於，傅科引入「時間的具體歷史分期」這一觀念，這使他分析「具有不同知識特徵的時代」成為可能，也為考古學分析提供了依據。可見，傅科考古學並不比一般的研究者想像的那麼簡單，很不易理解和把握。一方面，傅科認為，歷史深深地潛藏著「間斷性階段」，另一方面，在他的歷史探索中，他發現經常發生一些實質性變化。他明確反對關於歷史的線性論。突變是從舊變化到新變化的過渡方式。

在《詞與物》中，傅科根據不同歷史時期將歐洲知識分成三大「知識圖式」：文藝復興時代知識圖式、古典時代知識圖式、近現代知識圖式。它們之間不具有相容性、相繼性或連續性，而具有排斥性、斷裂性或間斷性。在傳統思想史裡，占支配地位的是歷時連續性，而不是歷時間斷性；在知識考古學中，起決定作用的是歷時間斷性，而非歷時連續性。傳統思想史歷時連續性與共時間斷性相

---

❶　參見 Michel Foucault, *L'Archéologie du Savoir* (《知識考古學》), 1969, Paris: Editions Gallimard, p. 15; Michel Foucault, "Sur l'Archéologie des Sciences. Réponse au Cercle d'Epistémologie" (〈論科學考古學──回答認識論協會〉), *Les Cahiers pour l'Analyse,* No. 9, été 1968, pp. 9–10。

融合的體系，知識考古學則是歷時間斷性與共時連續性相結合的體系。這樣，知識考古學與傳統思想史互相對立。傅科擺脫了傳統思想史的慣例性分析，走出了一條新的史學探索道路——考古學理路。

第二、為了消除誤解，傅科特別作出了幾點聲明（意見）。

傅科首先明確指出，知識考古學根本不是結構主義。的確，在《詞與物》一書裡，他運用過「結構」(structure)一詞，詞並非就是概念，「結構」在這裡應當是「系統(système)」和「規則(règle)」之意，是知識考古學的主題。他試圖揭示歷史演進的本質和語言陳述歷史事件的功能，多次聲明他的學說沒有任何結構主義的影子，反對評論家給他扣上的結構主義高帽。在此意義上說，知識考古學是「解—結構主義(dé-structuralisme)」。可是，在結構主義盛行的黃金時代，不論是結構主義和非結構主義，還是結構主義者和非結構主義者，都難以拒絕結構主義這一特別標籤。傅科當時在法國具有崇高的學術威望和社會地位，被烙上深深的結構主義印蹟，是完全可以理解的。但這是誤解，我們應該尊重事實，消除誤解。

傅科不是結構主義者，他的一生正是致力於批判和審查結構主義。知識考古學就是為此而誕生的。他認為，結構主義並不是什麼新穎的思想，古典時代的思想家早已是結構主義者，今天的結構主義只不過是古典意識在現代文化裡的覺醒。❷《詞與物》一書最初的副標題為「結構主義考古學」，後來才改成「人文科學考古學」。我們認為，傅科是反結構主義者，知識考古學也肩負著反結構主義的學術使命。因此，《詞與物》一出版就使結構主義走向衰落，是一部具有巨大毀滅力量的著作；它不僅摧毀了結構主義的巔峰，而

---

❷　參見Michel Foucault, *Les Mots et les Choses*（《詞與物》）, 1966, Paris: Editions Gallimard, pp. 220–221。

且宣布了人和人文科學的危機。建立知識考古學，必須擺脫人類知識的全體性、連續性和起源性等傳統歷史學觀念。知識的全體性，是知識現象、記敘性材料的綜合性，傳統思想史力圖搜集一切思想文獻、知識事件並提出總體知識的世界觀。知識連續性，是知識現象的相繼性或一致性，一種知識現象是另一種知識現象發展的結果。知識起源性，是知識現象的最初形態，任何知識都有一個發生過程或起源。追根求源是歐洲文化的一大特點，最終會導致神學論。傅科認為，傳統思想史所追求的「全體性」、「連續性」和「起源性」觀念，是絕對不可能的。

知識考古學也必須放棄人類學，因為當代人類學強制人及其本質成為它的學科對象，人降格為一個經驗實體或經驗存在。傅科認為，當代歐洲哲學使人們再也聽不到它的笑聲，人類學仍然在沈睡之中。❸傅科從人類學轉向考古學，其目的是診治人類學的沈睡症，重新思考知識史(histoire du savoir)。

第三、傅科為考古學制定了四條分析原則：新穎原則、矛盾分析原則、比較描述原則及變化標記原則。

新穎原則表明，知識考古學不再將「論說」(discours)❹作為文獻(documents)（書、作品、文本、敘述、匯編等），而是看作紀念物、遺物(monument)或檔案(archive)。什麼是論說？它既不同於索緒爾(Ferdinand de Saussure, 1857–1913)思想裡的言語(parole)和語言(langue)，又不同於句子(phrase)、命題(proposition)或語言行為

---

❸　參見Michel Foucault, *Les Mots et les Choses*（《詞與物》），1966, Paris: Editions Gallimard, pp. 351–354。

❹　關於discours一詞的漢譯，已有多種譯法，如話語、商談、辯述、論述，其中的話語最為常見。本書作者認為譯作「論說」，更合傅科原意。

(acte de langage)。它是一個更具廣泛意義和獨立性的語言單位。在傅科學說裡，論說不僅具有語言意義，而且具有非語言意義，成了實踐—符號(pratique-signe)概念。這說明它是具有實踐功能的語言符號。因而，論說進入了社會生活：文化、知識、經濟、政治、社會制度；它的實踐功能在於形成語言事件，書寫社會生活；作為語言符號，是已經言說出的、已經書寫出的語言和知識素材，是實實在在的檔案或紀念品。論說實踐(pratique discursive)與其他實踐相互依存並通過它們來實現。論說實踐的主體是生活的人，是活生生的人，所以論說具有物質性、時間性和空間性。❺

　　矛盾分析原則說明，知識考古學旨在考察紀念物形式或檔案形式間的差異。傅科不把知識描述成關於對象、陳述形式、概念與觀點的科學論說，而把它看作論說構成的要求，進而挖掘論說作為檔案存在的條件，確定論說的特殊領域。❻老生常談在傳統思想史裡占居重要地位，把經濟學、語史學、生物學或社會學誤作科學對待，認為知識之間具有連續的符合規律的過渡性和轉換性。與此相對立，傅科決意拋棄老生常談。

　　比較描述原則「確定了論說實踐的類型和規則，論說實踐滲透每部作品，甚至完全控制這些作品」。❼傳統思想史則受到「文本」的至上性支配，力圖發現作品的個體性和一般性的關係顛倒之謎，

❺　參見 Michel Foucault, *L'Archéologie du Savoir* (《知識考古學》), 1969, Paris: Editions Gallimard, pp. 38–39, 53, 99, 120–121, 216–217, 220; Michel Foucault, *L'Ordre du Discours* (《論說秩序》), 1971, Paris: Editions Gallimard, pp. 10–11。

❻　參見 Michel Foucault, *L'Archéologie du Savoir* (《知識考古學》), 1969, Paris: Editions Gallimard, p. 182。

❼　見前引書，p. 183。

「文本」成了適宜於歷史學的剪貼品。知識考古學家分別考察了各種紀念物，並加以比較，揭示它們之間的關係。知識考古學的紀念物不是單一的，而是複合的，不是獨立的，而是相互融合的。必須將它們放在一定關係中加以分析和解釋。在每一種考古分析中，必須比較研究兩個或兩個以上的現象，比如，《精神病與人格》探索精神病和人格之間的關係，《詞與物》研究普通語法學、財富分析、博物學與代表性之間的關係，還有語史學、政治經濟學、生物學和它們的歷史性之間的關係。

變化標記原則討論論說檔案變換的不同類型。傅科拋棄一切沒有生氣的連續性、一致性和全體性的分析形式，彰顯出所有生動的間斷性、差異性、變動性和分散性形式。他同樣摒除一切關於變化的心理學解釋（意識危機、新思維的起源……），用特殊的變化分析代替生成觀念。「變化」構成論說的派生形式並影響著種種論說。

傳統思想史試圖羅列和分析全部歷史現象。可是，傳統思想史並不是一部關於科學的歷史（物理學史、化學史、生理學史），而是一部很不完善的、不正確的認識史（煉金術史、骨相學史、原子學說史）。❽顯然，歷史學有很多問題，根本沒能很好地建構起來，實際上成了一部關於傳聞的匯編史，使用的語言相當不嚴格和規範。傅科認為，傳統思想史的根基十分脆弱，這個根基立於龐大的論說紀念物的裂縫裡，隨時都有傾倒的危險。歷史學原來研究的是非科學的論說檔案，分析的是觀點、錯誤和心理類型，傳統思想史學家卻自以為歷史學是關於知識、真理和思想形式的體系。知識考古學家與他們完全相反，努力擺脫歷史學，標新立異，分析和批判已經寫出來的檔案和紀念物。在傅科看來，我們要批判歷史學所謂的「知

---

❽　見前引書，p. 179。

識」，研究其觀點(opinions)；批判歷史學所謂的「真理」(vérité)，研究其錯誤 (erreurs)；批判歷史學所謂的「思想形式」(formes de pensée)，研究其心理類型 (types de mentalité)。這是知識考古學得以成立的關鍵所在。

第四、關於知識考古學的標準問題，傅科提出了論說形成的四條標準：對象形成標準、陳述形式的形成標準、概念形成標準和策略形成標準。

對象形成標準，意味著論說陳述構成對象的集合。論說陳述不是句子、命題、語言活動，甚至不是論說單元，而是形成論說對象的功能或活動。它服從有限性(limité)、外在性(extériorité)、併合性(cumul)等條件。有限性表明並沒有把一切都說盡，論說根據言語斷續性或空無而形成。❾論說陳述是間斷的、有限的、稀少的或不完全的。因而，論說陳述存在著大量的脫漏現象，遺留了無數的歷史事件，還有許多空格。論說陳述的外在性形式，是指陳述與超越間斷性之外的連續性沒有任何內在聯繫。傅科講：「不管誰講話，都要分場合。他必然受到外在作用的制約。」❿論說陳述的併合性表明論說堆積斷續的論說檔案，與有限性相統一。可見，考古學的「有限性」、「外在性」、「併合性」代替了歷史學的「全體性」、「連續性」、「起源性」。

陳述形式的形成標準，必須擺脫認識主體和心理特徵。陳述形式多種多樣，散游各處。論說主題掌握了論說，就能進行陳述。論說是各種間斷性和分散性檔案的集合。論說陳述形式的作用就在於保存這種論說；換言之，論說陳述形式便是論說得以存在的可能性

---

❾　見前引書，p. 157。

❿　見前引書，p. 161。

條件。

概念形成標準要求相當審慎。關鍵問題在於把概念提高到論說水平。概念的組織系統應包括陳述系列的規則、形式、類型和修辭圖式。陳述範圍包括論說的存在、併合和記憶等因素。概念形成的規則不在個體心理之中，而在論說自身之中。

策略形成標準，就是選擇不同種類的論說進行分析的準則。論說的選擇方案存在於論說自身之中。知識考古學的論說是檔案裡的特殊實踐。論說的作用在於建立檔案。論說策略決定一個時代的論說領域的研究，不同領域之間既相區別又相聯繫。傅科在《詞與物》中對近代論說進行討論時，在策略上，選擇了法國居維葉(Georges Cuvier, 1769–1832) 的生物學、英國李嘉圖 (David Ricardo, 1772–1823)的政治經濟學和德國葆樸(Franz Bopp, 1791–1867)的語史學，並選擇了從它們那兒借用模式而分別建立起來的心理學、社會學、文學—神話學研究，然後對它們加以分析，從而找出該時代論說的基礎、關係和特徵。策略選擇分析為分別考察不同論說並加以比較研究提供了方法論依據。

十九世紀是歷史主義（historicisme 或 historisme）在歐洲盛行的時代。歷史主義是研究隨著歷史和歷史相對論 (relativisme historique)而演變的一切真理的學說。馬克思則強調，必須在一定的歷史條件聯繫中分析歷史事件和歷史現象。我們這裡討論的是，第一種意義上的歷史主義，它與理性主義相對抗，根植於精神的經驗生活的具體條件之中，也處於絕對意義的生活尺度中。我們進而明白，歷史相對主義與自然心理主義具有同源關係，歷史主義往往陷入相似懷疑論的泥沼。❶我們不難理解，歷史主義者為什麼把現實的歷

---

❶ 參見 Edmund Husserl, *La Philosophie comme Science Rigoureuse*

史等同於思想的歷史。思想史、知識史、精神史、文明史、意識史、文化史,都是關於現實歷史的書寫性意義史,都是歷史學家論說(書寫、描述)的產物。考古學本來重在發現實物,這是比歷史學更為基本的發掘和探索,與現實歷史接近或比較接近。

然而,歷史主義追求這樣一種理想:將現實史歸結為思想史,把精神產品看作實物,這樣,我們可以完全有理由不顧及現實史,研究思想的歷史正是分析現實的歷史,研究思想就是分析現實。這是把思想史和現實史混為一談、把思想和現實混為一談。實際上,思想史與現實史決裂了,不再休戚相關,其結果是,思想史代替現實史,思想代替現實。思想史和思想得以不斷地獨立發展,甚至永遠不變。思想史是現實史的圖式,現實史是思想史的影子。歷史研究成果完全成了歷史學家心智的產物。這是歷史主義理想的破滅。

考古學在十九世紀成為歷史學的婢女,必須將自己發掘出來的沒有文字記載的文物進行歷史學解釋,賦予它們歷史學意義,從而建立起有文字的材料、文獻、史料,必須把沒有文字可考可識的實物(文物)轉化成有文字可讀可看的文獻。這一轉化過程是借用歷史學完成的。這個從無文字到有文字的過程,就是把現實史(或現實)歸結為思想史(或思想)的過程。我們發現,這是一個由「物質」化「精神」、由「基礎」變「理念」的過程。如此建立起來的材料、文獻、史料具有思想性、精神性和理念性。歷史學本質上成了理念學並取代了考古學。歷史學是個「空靈」、「空殼」,是個沒有蛋清和蛋黃的「蛋殼」,是空論的集合,完全徒有虛名,因此,人的歷史也不是實實在在的,而是抽象和空洞的。

《哲學作為嚴格科學》法文版),1989, Paris: Presses Universitaires de France, p. 61。

歷史主義的壟斷導致古人可以復活，人的精神活動無限制地連續進行下去。傅科認為，我們今天應當強烈地批判歷史主義及其錯誤，古人不可能復活，各個時代的人（歷史學的人和邏輯學的人），都隨時代的流逝而消亡，不同時代的文化之間不是連續的和線性的，而是間斷的和離散的。他號召人們要勇敢回到考古學。歷史主義顛倒了歷史學和考古學的關係，應當重新調整，從歷史分析退回到考古分析，就是說，把歷史學還原為考古學，把理念學還原成基礎學，說明白點，就是回到文物（實物）本身。這很有些現象學韻味。這種現象學具有考古學特徵。為此，傅科建立了獨特的知識考古學。這意在像傳統考古學處理實物那樣，知識考古學將傳統思想史的材料、文獻、史料作為實物對待；還意在解構把現實史歸結為思想史的歷史學，即要解散材料、文獻或史料組成的體系，消除「理念」，展露「基礎」，從而進行最具體的考古學研究。

傅科在他學術生涯之初就致力於對歐洲知識進行考古學研究。他首先著手對研究對象作經驗性描述，寫出了一系列關於經驗的著作，如《精神病與人格》、《診所的誕生》、《雷蒙‧魯塞爾》、《瘋狂與非理性》、《詞與物》等，隨後進行方法論反思和總結，寫成《知識考古學》一書。可見，知識考古學，直到1969年（《知識考古學》出版之時）一直指導著他的學術工作。他宣稱，知識考古學不是一門科學，將來也不會成為科學，而只是一種分析方法，它研究某一特定時代知識的出現、模式和基礎。傅科為知識考古學確定了特殊的研究場域（瘋人院、醫院、人文科學）和分析對象（瘋狂、疾病等）。傳統考古學分析埋藏在地下的人類實物史料，傅科考古學則研究歷史學家創造的思想紀念物，討論文化史存在的可能性條件。傳統考古學探尋起源、最初構成、結構和連續性，傅科對這些毫無

興趣，而試圖發掘出知識的印蹟、間斷性、中斷性證據以及文化蹤蹟。文化蹤蹟是深埋於文化層積的「化石」。 研究文化（思想、精神、知識）化石有助於了解人類文化的發展史。

　　傅科將知識考古學同傳統考古學、傳統思想史學嚴格加以區別。歐洲歷史主義往往把現實的歷史歸結為思想的歷史。傅科認為，歷史學應為考古學服務，把歷史學的文獻還給考古學，把歷史學的文獻化作考古學的遺蹟、遺物、文物或紀念品。傅科號召人們回到考古學那裡去， ⑫其真正用意，在筆者看來，正在於讓人們警惕歷史學，重視考古學。這表明，我們必須運用一種新的立場──知識考古學的立場看待人類歷史，尤其是思想史。知識考古學這一新方法把我們的焦點引向了另一種人類經驗──奇異經驗，關注另一種人──奇異人，試圖通過不同的考古場域解釋人類奇異現象和奇異人的經驗。《精神病與人格》(1954)探究人的精神病經驗，《癲狂與非理性》(1961)詮釋人的癲狂經驗，《診所的誕生》(1963)分析人的疾病經驗，《雷蒙·魯塞爾》(1963)討論人的情慾文學經驗，《詞與物》(1966) 研究人的三大經驗：生命(vie)、勞動(travail) 和語言(langage)。

二、系譜學方法

　　知識考古學的對象是知識，系譜學的對象是權力和道德。傅科通過考古學建立了自己的知識論，通過系譜學創立了自己的政治學和倫理學。系譜學，又叫家譜學、譜系學、宗譜學或家系學，是傅

⑫　參見 Michel Foucault, *L'Archéologie du Savoir* (《知識考古學》)，1969, Paris: Editions Gallimard, p. 15。

科後期思想的主要研究方法。隨著方法論的轉向，他的研究主題也發生了變化，即從疾病、知識、真理等轉到了罪行、權力和性慾問題上。然而，分析方法的嬗變與研究對象的變化，都有一種內在的一致性，因為傅科早就有一個龐大的學術研究計畫。如何從一種方法轉到另一種方法，怎樣由一個主題過渡到另一個主題，他是相當清楚的。

什麼是系譜學？"généalogie"（系譜學）一詞，來自拉丁語詞"genealogia"。系譜學本是研究事物的親緣關係（血緣關係或親屬關係）和遺傳特性的學問，是發生學的一個分支，有助於了解事物的起源及其演變過程。傅科借用這門學問分析權力和道德問題。他把這一方法引入哲學和文學研究領域，試圖對權力關係與道德關係進行系譜學鑒定。

其實，傅科並非用系譜學審視道德問題的第一人。尼采在1887年出版了《道德系譜學》（*Zur Genealogie der Moral*）一書，❸已對道德進行過系譜學檢視。尼采作為傅科的精神導師，其道德系譜學方法必然對傅科產生過巨大影響。傅科在尼采的理路上繼續運用系譜學方法解決權力問題。他把知識、性慾與權力、政權、語言、真理聯繫起來，將道德估價和其他關係結合起來對道德進行綜合討論，重新發現了歐洲知識的演變世系，找到了諸如知識與權力、性慾與

❸　系譜學實際上是尼采這部著述的標題。尼采在書中用一種論戰性筆調強調人們對他1886年出版的《善惡的彼岸》（*Jenseits von Gut und Böse*）的理解。首先討論了基督教心理學，然後使道德意識（即惡的意識和過錯感）變成內在化的殘暴形式，最後分析禁慾理想和頹廢理想的意義。目的在於重新評價一切價值，否定受基督教、理性主義和人道主義支配而日漸衰敗的歐洲文化。尼采鼓吹權力意志和權力擴張，「超人」創造歷史；主張殘酷戰爭，甚至為了戰爭，必須犧牲善和善行。

權力間的秘密。從哲學上和史學上，傅科開闢了一個嶄新的研究領域。

尼采提出重新評估人及其價值，為此，他建立了新的研究方式，即系譜學方法。通過對基本的解釋標準的分析，這一方法側重於評估價值標準，重視有關解釋的判斷。在具體條件下，各種價值常常結合起來，以形成尼采的所謂「價值表」。「價值表」包含體現在道德上的東西。道德是一個價值判斷系統，它與人的生存條件密切相關。系譜學研究以嚴格的道德觀察和道德描述為出發點，對人的價值進行批判分析，最終達到價值評價之目的。道德系譜學，是尼采創立的形而上學本體論的思辨批判，意在尋找規範行為的起源和研究對象的出處。

而傅科系譜學並不是要重建權力實踐（懲罰）和道德行為（性慾）的歷史，也不是探索人們表現這種實踐和行為的思想，而是弄清近代歐洲社會中諸如懲罰、性慾等人類經驗究竟是怎樣形成的。要討論權力關係和性關係中的特殊經驗（奇異經驗），就必須探明經驗主體的發生發展過程，弄清人在什麼關係中遇到困惑。因此，我們應當找到基督教的源頭，潛入古代知識檔案之中。更清楚地表明，系譜學就是對權力領域和倫理領域作出解釋性分析，洞識近代歐洲社會種種複雜的權力關係和倫理關係。繼知識考古學之後，傅科運用系譜學在更廣泛意義上闡述了歐洲社會的權力、倫理等經驗何以構成論說檔案，進而弄清人作為「欲望個體」的奇異經驗的起源和演變。它有異於權力實踐和倫理實踐的歷史及關於這些實踐的觀念史、思想史。

傅科最早在1967年6月與貝盧爾(R. Bellour)關於「歷史的寫法」的對話中用到「系譜學」一詞，直至1970年12月2日，傅科在法蘭

西學院發表教授就職演說——「論說秩序」——實現了由考古學到系譜學的方法論轉變，這是一個「尼采轉向」。 從此，傅科哲學進入「系譜學時期」。〈論說秩序〉明確提出了權力問題，初步討論了權力與知識間的關係，區分了考古學研究和系譜學研究。考古學分析檔案形式中的論說，系譜學卻分析論說的開端和結果。〈論說秩序〉標誌著「系譜學時期」的開始。

「質疑真理意志，恢復論說的事件特徵，消除語言意義的至上性。」❹ 為完成這三大任務，傅科提出了四大系譜學原則：反向原則 (principe de renversement)、中斷原則(principe de discontinuité)、特異原則(principe de spécificité)及外在原則(principe d'extériorité)。

反向原則，妨礙了我們研究作者、學科與真理意志的積極意向；妨礙是一種破壞性反向（反抗）力量，應當認識到論說的中斷和減少的否定作用。

中斷原則的提出，是因為反向原則以認識間斷性實踐代替了這一積極意向；論說應當是中斷性實踐。

特異原則標明，訓釋論說實踐，應該懷疑前論說的保護者，認識並不是預定的。

外在原則表明，我們的認識達到的不是論說的內在中心，而是其外在的可能性條件。

這四條原則包括如下四個概念：事件、續列、規則和可能性條件。事件與創造對立，續列與統一對立，規則與新奇對立，可能性條件與意義對立。創造、統一、新奇和意義左右了傳統思想史。❺

❹　Michel Foucault, *L'Ordre du Discours* (《論說秩序》), 1971, Paris: Editions Gallimard, p. 53。

❺　見前引書，pp. 53–56。

　　1971年發表的重要論文——〈尼采、系譜學和歷史學〉——進一步體現了系譜學的精神，闡明了系譜學之「道」。傅科系譜學雖源自尼采系譜學，但此文一開始就有意與尼采保持相當的距離，有自己的「和合創新」。尼采還十分眷戀「起源」的追尋，而傅科徹底摧毀了起源這個概念。非起源就是起源背後的剩餘物。傅科考掘出了非起源，在歷史學家視若無睹的起源處發現了問題，診斷出了思想的病症。這是新考古學的覺醒意識。非起源是傳統歷史學家的遺忘品。傅科試圖從系譜學角度研究歷史學家所遺忘的非起源、間斷性、非總體。在起源背後，有另一種全新的東西，即非起源。

　　其實，傅科一開始就致力於反起源，受尼采啟發而立考古學，沒有馬上運用尼采系譜學。在運用考古學反起源並與歷史學家決裂的途中，發現尼采系譜學比知識考古學更加細緻，更注意知識（論說、檔案、思想紀念物）的細枝末節，更能獲得物的真實本質及其可能性。尼采對道德所做的系譜分析比他對知識所進行的考古分析更加優越，更能完成反歷史學家的起源、連續性、總體等觀念的任務，更能發現別種新東西，更能將傅科帶入微觀領域，更合傅科已久有的意圖。這是傅科研究方法發生轉向的一個最好注腳。傅科在考古學階段側重於對知識進行宏觀把握，而在系譜學階段，轉向對知識的微觀領域以及知識與權力、知識與性慾等的系譜關係。傅科從考古學轉向系譜學，是自我深刻反思的結果。傅科把研究方法放在十分凸出的地位，不斷反省完成的學術工作，總是從方法論上系統而嚴肅地清查他過去的思想成果。系譜學使傅科在反起源的道路上愈走愈遠。

　　反起源是傅科的起點和目標，進而反連續性、反漸變、反總體、反線性發展。懷疑起源、連續、總體，走向無起源、非連續、非總

體的題域。傅科對瘋狂和非理性的探索，是傅科的出發點，並決定了傅科的學術走向，它們是反起源、反連續性、反漸變、反總體、反線性發展的開始和具體化課題。尼采僅僅是傅科思想的路標。「起源」一詞，在《道德系譜學》裡，尼采所用的德文詞為 "Ursprung" 和 "Entstehung"。❶ 傅科將尼采的 Ursprung（起源）譯為法語的

---

❶　《快樂的科學》使用了Ursprung, Entstehung和Herkunft；《人性，太人性》運用了Herkunft和Wunderursprung（origine miraculeuse，神奇的起源——道德、禁慾、正義、懲罰的起源）；《曙光》找到了Pudenda origo（卑微的起源）。 尼采的起源觀念是以Ursprung為中心展開的。在《道德系譜學》中，Ursprung與Herkunft是同義詞，沒有嚴格區分開，實際上，Ursprung之意為「起源」，Herkunft之意是「出處」，尼采使用的 Ursprung 具有「起源」和「出處」兩層含義。傅科認為，Entstehung 或 Herkunft 比 Ursprung 更能標示系譜學的確切對象。Herkunft是法文的souche（淵源、根、根源、基礎）或provenance（出處、來源）。 這說明，傅科追溯的不是對象（知識、檔案、論說）的Ursprung（origine，起源），而是其Herkunft（souche，基礎、淵源；provenance，出處）。這一區別雖細微，卻非常關鍵。傅科為對象找到了「出處」， 這個出處來自下層，凌駕於起源之上。尋求對象的出處就是找到其歸屬(appartenance)。尋找對象的歸屬就是挖掘出「過去已在那兒的東西」。「過去已在那兒」正是對象的「根」、「宗」、「根源」、「基礎」、「始祖」、「淵源」、「出處」、「出身」、「誕生地」。Entstehung的意思是émergence（出口、露出、浮現、出現）及point de surgissement（發生點、出現處、湧現處、突然出現之點）。 出現之物是一定顯現出來的東西，它是通明的。émergence 在法語中本意指泉水的出口，有突然湧出的意味，對象從出口像泉水一樣噴射出。傅科解讀尼采系譜學的起源概念，進而消除了「起源」， 走上了反起源、反連續、反線性、反漸變之途。為此，傅科結合本民族的語言傳統找到了 émergence，意指對象的出口，出口與出處一樣凌駕於起源之上——出口和入口破除（毀滅）了起源之夢，這是對歐洲傳統哲學和歷史學的沈重

origine（起源）——這也是通常的譯法，指出：

> 系譜學是灰色的；它是細緻的、注意檔案的。它研究極為複
> 雜的、搜集起來的、反覆重寫的檔案，……系譜學需要精細
> 的知識、大量積累起來的資料和耐心細緻的工作，……系譜
> 學並非與歷史學對立，從學者的眼光看，歷史學是哲學家高
> 深的視界；但它與理想意義和泛神學的元歷史顯然相對立。
> 它與尋找「起源」相對立。❶

這說明，傅科系譜學（甚至考古學）否定的不是「歷史本身」，
而是歐洲思想史家所虛構的「歷史」概念。傅科也拋棄了傳統的深
層與表面的關係，最深刻的東西或意義，其實並不在事物的深層，
而在每一層的表面。「深刻之物」就是「表面之物」。這與「深刻之
物」必在深層、「表面之物」必在表層的成見大有差異。本質並非
隱匿在現象的深層，而是顯現出來的，換言之，它是表面的明物（現
象），而不是深層的暗物（隱象）。人人都能夠看見本質，發現本質，
揭示本質，接近本質。可見，傅科系譜學有別於尼采系譜學，也不
同於傳統歷史學。《道德系譜學》建立了關於價值、道德、禁慾和
認識的系譜學，從不以尋找它們的起源為出發點，而是滯留於其起
端的細節和巧合。系譜學家依賴歷史學以消除起源的迷夢。系譜學
的任務不是顯示「歷史事件」還在那兒，而是發現意外事件、細微

打擊。

❶　Michel Foucault, "Nietzsche, la Généalogie, l'Histoire"（〈尼采、系譜
學和歷史學〉）, in Foucault, *Dits et Ecrits 1954–1988* (tome II)（《說與
寫1954–1988》第2卷）, 1994, Paris: Editions Gallimard, pp. 136–137.

偏差、錯誤、判斷失誤等，挖掘出意外事件的外在形式，分析歷史網絡中的主體構成、知識構成、論說構成、對象構成等等。傅科早年對精神病學的研究是系譜學分析的第一步。

探索起源、本源、開端、本質，是歐洲思想家的一貫信念，歐洲哲學家亦患有嚴重的「起源狂」。追溯對象的起源意味著建立對象的歷史性。起源與歷史性同義。所謂「起源」只是一種幻想，傅科的努力就是要破除這一幻想。在傅科系譜學的意義上，起源過去已在那兒，「過去已在那兒」正是對象的出處、基礎性或歷史先天（驗）性。在這兒，我們發現了系譜學與考古學的某種內在一致性。對「基礎性」的考古分析也適用於對系譜的「出處」的分析。傅科對起源的研究，始於對精神病、人格、癲狂等對象的探索。對象的出處和起源不是與生俱來的。對象成為無起源之物，卻是有出處之物；或者說，對象與起源分離，而與出處結合。「對象過去已在那兒」意味著「它總是已經在那兒」。對象總是存在著，具有「從前存在」的特性，因此，它不存在起源的具體時間。「從前存在」是「現在存在」甚至「將來存在」在時間上和在歷史上的出處。「從前存在」即「先天歷史性」或「基礎性」，這是對象的基本結構。分析出處可以尋找到種族、家族或社會類型。出處就是對象的開端。有了出處，就會產生層出不窮的現象和事件。系譜學不打算追溯時間，以重建線性連續性。

對象的出現標誌著力量的出場、湧進、飛躍。對象總是產生於空隙處、邊緣領域、偶然地帶、差異處、破碎層面。出場的對象表現在權力領域，就是統治者與被統治者無限定重複的現象。一些人統治另一些人，人的價值因此而分化；一些階級統治另一些階級，自由思想因此而生；人們為了生存而強行占有物，知識（如邏輯學）

因此而出。統治關係不再體現為地點關係或空間關係。統治強制規定了義務和權利，建立了詳細程序。❸人性的進步正是在人與人、階級與階級、人與物的鬥爭中取得的。唯有形而上學才能解釋人性的演變。人性的演變需要一系列解釋。系譜學研究出口與出處，應該是一種新的歷史學（道德、理想、形而上學概念的歷史，自由概念或禁慾生活的歷史）， 據尼采，傅科稱之為wirkliche Historie（實際史）。《道德系譜學》多次用到這個詞。實際史具有歷史觀念或精神的特徵。人們因角度不同而對人性問題有著不同的解釋。

在〈尼采、系譜學和歷史學〉一文中，我們閱讀到：

> 歷史觀念包括三種用途，它們與柏拉圖的歷史方式相對立。首先，現實的滑稽模仿和破壞性利用與歷史——不朽靈魂對理念的回憶或認識主題相對立；其次，同一性的分裂和破壞性利用與歷史——連續性或傳統相對立；最後，真理的犧牲和破壞性利用與歷史——認識相對立。不管怎樣，關鍵在於將歷史變成一種用途，這種用途永遠擺脫形而上學和人類學的模式和記憶。關鍵在於使歷史成為一種反記憶。因而，在這種反記憶中顯示出完全不同的時間形式。❸

在此，我們發現了系譜學與傳統史學的對立。這種對立是系譜學與傳統史學的分水嶺。

在考古學層面上，知識就是知識，側重於對知識本身狀況的研究，即使論述了論說實踐，也僅僅停留在對這種實踐的理論分析上，

---

❸ 見前引書，p. 145。

❸ 見前引書，pp. 152–153。

還沒有深入討論知識實踐的具體情況，如沒有澄清論說構成和社會——經濟實踐之間的重要關係，還有像「如何運用考古學?」此類的遺留問題。澄清這種關係，回答這類問題，正是系譜學的任務。到了系譜學時期，系譜學與考古學相結合，是理論分析與實踐分析相融合，於是，能實現對知識的雙重分析：研究知識本身與闡述知識和權力（實踐）間的關係。可以說，從考古學到系譜學的轉向，就是從純粹理性分析到實踐理性分析的轉向，即從知識分析到知識——權力分析的轉向。應該說，傅科緊緊把握住了這一探索理路。

知識不僅僅是知識，而且是權力。檔案、論說、文字紀念物等同樣是權力。論說實踐具體化為權力實踐。知識是活的，而不是死的，它總是在場，隨時都會發生「爆炸」，影響著「人」。因此，分析了知識的本質後，必須考慮知識的用處，研究知識——權力正是論說實踐的具體體現，但考古學只限於知識的內在秩序而無法始終堅守自身的信念，完成論說和論說實踐的各項任務，系譜學恰恰重在分析論說實踐。傅科在充分而獨特考察了知識圖式之後，從容地轉向了系譜學。這應是理解傅科哲學的總體角度。

系譜學重新建立了各種控制系統，這種控制不是超越時代的意識力量，而是冒險的支配作用。系譜學活像一張密織的網，傳統史、進步觀、真理、知識、道德、權力等群體性主題，統統被這張網捕捉和支配而變得更加錯綜複雜。傅科哲學發展到了後期（系譜學時期），特別強調知識的社會——經濟實踐作用或經濟——社會生產功能，知識具有實踐性或生產性。知識成為被運用（利用）的知識，是有力量的知識，知識就是力量。不論知識作為「力量（培根）」，還是作為「權力（傅科）」，都是「行」，都是經世致用的，都能派上大用場，可以改造世界、社會和人類。國家有知識，就會成為「強國」；

人有知識，就會成為有力量有權力的人、「高等人」。知識絕對「有利可圖」，甚至「一本萬利」。通過知識，權力就是力量，有了「權（權力）」便會有「力（力量）」；通過知識，傅科與培根有了聯繫，「知識就是力量」體現了人與外部世界的關係，知識可以幫助人改造自然；「知識就是權力」體現了人與人的關係，知識可以幫助人改造社會和人類。

傅科系譜學擁有三大可能領域：與真理相關的我們自己的歷史本體論（我們可以構成認識主體），與權力領域相關的我們自己的歷史本體論（我們可以構成影響他人的主體），與道德相關的歷史本體論（我們可以構成倫理施動者）。⑳《瘋狂與非理性》是這三大領域的結合；《診所的誕生》、《詞與物》和《知識考古學》進一步揭示了真理領域；對權力領域的探究在《監視與懲罰》中得到發展；《性慾史》深入分析了道德領域。可見，傅科基本上完成了他預先勾畫的學術藍圖。通過對思想史的研究，傅科試圖建立真理史本體論、權力史本體論和道德史本體論。這在一定程度上表明了系譜學與考古學之間具有內在的一致性，這一致性是就哲學本體論來說的，然而，它們作為哲學方法論（認識論），其區別是主要的，考古學重在對知識檔案進行描述性分析，系譜學長於對知識檔案進行解釋性分析，比考古學深刻得多。

因此，應該把作為本體論的系譜學和作為方法論的系譜學嚴格區別開來。在本體論上，系譜學可有廣、狹之分，傅科對此還沒能

---

⑳　參見Michel Foucault, "A propos de la Généalogie de l'Ethique: Un aperçu du travail en cours"（〈關於道德系譜學：目前工作概述〉），in Foucault, *Dits et Ecrits 1954–1988* (tome IV)（《說與寫 1954–1988》第4卷），1994, Paris: Editions Gallimard, p. 618。

深思；在方法論上，系譜學沒有廣、狹之別，考古學不是系譜學的一個分支。這是系譜學的兩層含義（本體論與方法論）。 這是理解傅科系譜學的關鍵，是澄清考古學與系譜學的內在一致性和根本差異性的關鍵，也是弄清傅科全部哲學祕密的關鍵。考古分析與系譜分析，在系譜學時期同時起作用，交替進行。如果對傅科考古學時期的主題同時進行考古分析和系譜分析，就會發現新的知識景觀。

傅科沒來得及為系譜學寫成像《知識考古學》那樣的總結性著作，系譜學理論主要體現在〈尼采、系譜學和歷史學〉這一重要論文中。傅科把系譜學和歷史學聯繫起來進行重新思考，以提出自己的歷史研究法。系譜學方法很快貫徹到《監視與懲罰》和四卷本《性慾史》之中。如果傅科的《詞與物》很像康德的《純粹理性批判》，那麼他的《監視與懲罰》和《性慾史》像康德的《實踐理性批判》與尼采的《道德系譜學》。 因而，傅科主義是康德主義和尼采主義在法國傳統基礎上的融合。在充分理解與把握系譜學的基礎上，傅科開始自覺而精深地運用它來分析權力實踐（監視、懲罰）和權力關係，研究道德實踐（性行為、性慾、性意識）和道德關係。

傅科研究監視和懲罰，就是探討歐洲監獄的產生過程。他試圖闡明監視和懲罰所引起的道德世界與政治策略之間的聯繫，進一步理解被罰者、懲罰原因和懲罰方式。系譜學在此大有用場。傅科是為擺脫傳統的主體哲學而建構主體系譜學的。要對歐洲文化中的主體進行系譜學分析，就必須重視統治技術和自治技術。這兩種技術相互作用、相互影響。傅科在研究瘋人院、精神病院、醫院、監獄時，特別強調統治技術的重要性。但統治技術只是管理社會及其成員的手段之一，只有同樣重視自治技術，才能深入探討權力關係。統治技術與自治技術的結合，就是「他律」和「自律」在權與法的

基礎上的結合。這為傅科研究生物權力 (bio-pouvoir) 或生物政治 (bio-politique)的系譜關係作了準備。傅科的道德系譜學就是倫理活動主體系譜學或倫理慾望系譜學。慾望概念或慾望主體概念是可為人們普遍接受的理論主題。性經驗有別於基督教的肉體經驗。《性慾史》， 以古希臘性文化文本為出發點（這裡是傅科所涉對象的出處）， 建立起了一部慾望人的歷史，即一部關於慾望人的系譜學。自治的技術與快樂的運用緊密聯繫在一起。權力關係上的「自治技術」在性倫理領域體現為「自我關照」。

三、考古學與系譜學的關係

從知識考古學發展到系譜學，是傅科方法論的歸宿。由於傅科對精神病、癲狂、疾病、死亡等論題的經驗描述引起轟動，招來批評，為了回應法國學者的批評，傅科提出反批評而寫成《知識考古學》。 但傅科很快發現，知識考古學不是一種科學而嚴格的方法，沒能圓滿回答學者們提出的尖銳問題，也沒能在方法論上解決下列四個問題：如何運用考古學進行研究？ 論說構成分析可能嗎？ 語義學有什麼用處？ 量化分析能否派上用場？ ❹他無法使內在論說（論說構成）和外在論說（社會構成、經濟構成）之間的關係體系化，這是知識考古學的理論漏洞。通過大量文獻，我們不難看到，傅科已疲於回答學術界向他提出的一大堆理論問題，也疲於考古研究和考古式的寫作風格，這促使他另尋他途，決定探索更加具體更加特

---

❹　參見 Michel Foucault, "Entretien avec Michel Foucault (1971)"（〈傅科訪談錄 (1971)〉）, in Foucault, *Dits et Ecrits 1954–1988* (tome II)《說與寫1954–1988》第2卷）, 1994, Paris: Editions Gallimard, p.157。

殊的知識題域，關注另一類論說空間。他已走出了傳統思想史學理論的樊籬，不可再返回到傳統史學家的懷抱，也不能再沈迷於考古學研究，於是繼續從尼采主義出發而建立了他自己的系譜學。

在傅科主義層面上，考古學和系譜學在本質上討論相同的研究對象，即人類知識及其在不同時代的表現圖式（知識圖式）。只是因為它們處於傅科哲學的不同時期，所以它們闡述的側重點有所差異，討論的是同一問題的不同方面。每部著作分析的核心主題存在著差異，不同主題在同一問題之下又是相互貫通的。傅科十分重視研究方法的建構，力圖使他所獨闢的領域擺脫傳統分析方法，尋找不同歷史時段的特殊知識的密碼、秩序和關係，進而在新方法的指導下大放異彩。

為此，必須從認識論的宏觀分析策略轉入微觀分析策略，這有利於進一步具體貼近考古學發掘出來的實物（各個時期的知識證據、紀念物或檔案）。由知識秩序經權力關係過渡到性關係，是一個從宏觀到微觀（或從知識的大循環到知識的小循環）的漸進過程。考古學的作用在於挖掘知識實物或紀念物，系譜學的功能在於探索知識實物的世系關係。可見，系譜學的運用是有其內在原因的。權力關係與性關係正是知識世系在不同方面的具體表現和應用。因此，我們必須求助於系譜學。可是，傅科運用系譜學考察權力世系和性慾世系，並非意味著他徹底擯棄了考古學，而僅僅說明他在考古學基礎上運用系譜學這一新方法。系譜學發生作用時，知識考古學依然起作用，它們不能互相代替。通過分析，我們似乎發現了傳統思想史、知識考古學、權力系譜學、性慾系譜學之間的祕密：傳統思想史服務於知識考古學，知識考古學將為權力系譜學和性慾系譜學服務。

　　系譜學所研究的權力和倫理問題，只是考古學考察的知識的一個方面。知識所表現出來的政治與政治論說沒有任何關聯。政治論說與政治家的政治活動也不是一回事。科學理論作為權威論說，同時是人類約定和人的權利，並且局限於知識領域。更準確地說，科學理論處於權力和知識相互作用的場域裡。要探明權力和知識之間的內在關係，就需要運用系譜學方法。《監視與懲罰》正是這種方法的結晶，是探討知識與權力間關係的有益嘗試。它通過酷刑、懲罰和罰誠等幾個環節弄清監獄的誕生。從酷刑經懲罰到罰誠的過程就是權力形式的演進過程。在系譜學觀照下，傅科從監獄這一場域揭示了權力世系以及權力與知識相互作用的細節。

　　對權力和性慾的討論形成近代道德系譜學。權力和性慾重在實踐，影響著人類的日常生活、政治生活和社會生活，因此道德系譜學是一門實踐系譜學。傅科通過實踐系譜學試圖把權力實踐（權力）與權力論說（知識）結合起來，並把權力放在具體關係之中，其宗旨是弄清人類在社會－政治領域的道德實踐和法律實踐，樹立真正的道德觀念和法律觀念，闡述真理體系和權力形式間的內在一致性以及真理所產生的政治觀念。可見，系譜學不探尋真理、陳述、概念和人文科學原則的起源。如果它分析這種起源，則是為了發現偶然性、偏見、意外之物和權力關係。傅科在「起源」問題上提出過一個普通的哲學問題，即個體科學如何建立？在系譜學層面上，建立人學（關於人的理論），　是為了力圖在知識檔案裡發掘近代對人的肉體和行為進行控制的手段。❷因而，傅科主義系譜學，使「起源」深深根植於權力實踐之中。

❷　　參見 Michel Foucault, *L'Archéologie du Savoir*（《知識考古學》），
　　1969, Paris: Editions Gallimard, p. 193。

　　傅科宣稱，權力系譜學和性慾系譜學並不是新的科學理論，只是為了分析有關權力問題和性慾問題的一般規則提供一種新的研究方法、寫作形式、論說規則和分析策略。研究權力不是為了發現簡單的鎮壓或禁止方式，而是解釋存在於權力中的實際作用和效果；分析權力及其特殊手段，不是為了產生簡單的方法效果和社會結構功能，而是為了行使權力而起到輔助作用。這是兩條最重要的規則，其目的在於實現對權力進行系譜學分析。詮釋和分析構成關於權力的知識體系。傅科將知識（真理體系）和權力（權力形式）聯繫起來，也把性慾和權力、語言和知識結合在一起。於是，性慾不只是一種自然現象，而且是一種政治現象、語言現象和文化現象。人的性慾必須融入政治、語言和真理的軌道，必須受到政治監控或法律調節、語言訓練和知識薰陶，同時，人的性和性慾得到層層呵護並且具有複雜多樣的聯繫。傅科從一個嶄新的角度考察了自古希臘到當代歐洲的精神文明。他對性慾的分析，是在十分嚴密的論說體系裡實現的，具有科學特徵，可見，他的分析比弗洛伊德的解釋，顯得深刻。

　　傅科系譜學，主要體現在《監視與懲罰》和《性慾史》這兩部著作裡。如同他其餘作品一樣，這兩部書的中心主題是不同的，前者是「懲罰」（或「懲罰權力」），後者是「性」（或「性慾」）。但是它們都被置於同一認識論框架研究之下，都是他總體學術計畫的兩個部分，都是從歷史分析出發的。

　　考古學與系譜學，決定了傅科哲學的特徵和獨創性。具體表現在以下幾個方面：

　　第一、在考古學和系譜學的指導下，傅科研究人類的種種奇異經驗何以形成進而成為論說對象，分析怎樣追溯這些經驗產生的一

切條件。為此，必須清算作為奇異經驗主體的人的誕生和進化，這不僅要尋找到人的傳統經驗的初始點，也要鑽進古代文化的故紙堆裡，然後，又從古代逐漸回到近代和當代。這些是系譜學與考古學的共同任務。儘管不時轉換分析方式和探索主題，依然是「何謂人?」這一問題困惑著他。

第二、傅科的著作一出版就引起巨大轟動而招致各種指責和批評，他不得不作出回答。這表明，他的理論體系暴露了不可避免的困難。對此，傅科抱著既寬容又嚴肅的態度，表現出一代學者風範，深為世人敬仰。這樣，其後續作品總表現出對前期作品進一步推敲、修正和發揮。比如，《知識考古學》研究的「論說功能」和「論說實踐」，是對《癲狂與非理性》的「癲狂經驗」，《診所的誕生》的「看」和《詞與物》的「知識圖式」的修改和總結。

第三、因為傅科的研究計畫是事先考慮的，因此，著作與著作間、主題與主題間，存在著一種內在的連續性。不難發現，前期著作是後期著作的導言，後期著作是前期著作的繼續。如果說，《我，皮埃爾・里維葉爾殺害了我的母親、姐妹和兄弟……》論述的謀殺將《癲狂與非理性》的某些部分現代化了，那麼，也為《監視與懲罰》一書作了一些準備。因為謀殺罪應受到懲罰，所以傅科不得不探索懲罰（或懲罰權力）問題。這種探索不是單一的，而是以懲罰權力為中心將罪行、懲罰、監視、癲狂、政治、性慾（娼妓現象）等結合起來加以跟蹤研究，即從十八世紀的處決研究到當代監獄，從肉刑分析到心靈罰誡，從而發現了權力系譜。在《知識考古學》的啟示下，我們可以看到，傅科如不過早離世，像寫出《知識考古學》那樣，會完成對《監視與懲罰》、《性慾史》的修改和發揮，進而作《權力與性慾系譜學》。

　　最後，傅科一再強調「現時性」，　研究思想史的目的是為現實
尋找到參照系。考古學和系譜學都不能停留於「過去」或「歷史」
的水平上，必須將讀者引入「現時」中，進而把「現時」納入過去
或歷史長河，使過去和歷史現時化，即賦予過去和歷史以現代意義。
換言之，傅科力圖消解關於「過去」的歷史學，重建關於「現時」
的歷史學。弄清過去歷史學與現時歷史學之間的區別，是理解傅科
全部學說的鑰匙。

　　知識考古學使不同等級的知識體系個體化，尋找這些體系的變
化規則。權力系譜學與性慾系譜學，依賴於與知識相關的權力和權
力關係以及性慾和性關係，闡述各種經驗類型的不同側面。一個側
重於知識體系（知識圖式），　一個側重於權力和性慾。在功能上，
考古學是一種描述性分析，系譜學是一種解釋性分析。描述性分析，
是用語言文字把考古發掘出的論說檔案（文物、思想遺蹟）忠實地
表現出來，然後將這些論說檔案分為較簡單的組成要素，尋找這些
要素的屬性以及它們的內部聯繫。解釋性分析，在於指出考古發現
的論說檔案的明確意義，找出論說檔案間的各種世系聯繫。在傅科
那裡，這兩種方法之間具有內在的一致性和連續性。

　　我們認為，傅科的考古學與系譜學作為史學的、哲學的特殊方
法，是一種嶄新的分析方法。它們有助於我們從新的角度理解傳統
思想史。這是他的方法論貢獻。任何一種理論一產生都會遇到困難
和批評，顯得不合時宜，傅科學說自不例外。要理解傅科哲學，就
必須弄清他的研究方法；要接受和運用他的考古學和系譜學，就應
當理解它們構成的相關性、共時連續性和歷時間斷性體系，以及它
們所分析的一定時代的不同知識不同領域的歷史事件和歷史現象。
考古學和系譜學有益於我們理解過去的歷史、現時的歷史和將來的

歷史。

四、研究方法的理論局限性

考古學和系譜學不是唯一的史學方法，也不是科學而普遍有效的，有其固有的缺陷。傅科本人也承認它們有朝一日會失去效用，並且隨著他學術工作的推進而超越原有的研究方法和主題。就《知識考古學》這本較系統的方法論著作來說，如果從純理論和純方法論上衡量它，就可以發現本書存在著嚴重局限性。傅科沒能把論說構成和社會—經濟構成之間的重要關係「體系化」，並且將之隱去了。將這些關係體系化，是建立嚴格理論的基本要求。方法論問題也被束之高閣。如何運用考古學？論說構成分析的可能性是什麼？語義學在考古學中有何用途？量化分析能否派上用場？諸如此類的問題，傅科沒有給出令人滿意的答案。考古學有著嚴重問題，系譜學亦然。

這些局限性主要表現在以下幾個方面：

第一、傅科考古學和系譜學的理論基礎是不堅固的，具有片面性。因為它們拒斥傳統思想史的合理結論和它所追尋的全體性、連續性和起源性等歷史學概念；因為傅科雖然看到了歐洲歷史主義給思想史造成的錯誤而發現了有限性、外在性、併合性和間斷性等概念，但是誇大了這些概念的作用，認為處處充斥著這些概念。這樣，全體性、連續性和起源性等史學概念，被掩蓋了，因此傅科走到了另一個極端。

第二、這兩種方法都是隨意斷取和布局史料的體系。傅科將它們和傳統思想史絕對對立起來，並且使思想史服從他個人的所謂「新

史學」。 難免產生錯誤和偏見。因此，這種體系並非無懈可擊，不是完善而科學的，不具有普遍有效性。這給批評家們留下了話柄。他本人也承認它們總有一天會失去作用，同時不斷對前期理論展開自我批判。不過，這種批判的目的在於力圖保護自己的體系，因而所作的批判難以徹底。

　　第三、傅科的極端非理性主義理論傾向，是不可取的。在整個歐洲後現代思想潮流衝擊下，傅科作為這一思潮的主要人物，為擺脫傳統和理性而探尋著一條反傳統和非理性的出路。他具有強烈的反傳統反歷史意義，過於偏激，最終走向了傳統思想史的虛無主義。

　　第四、考古學和系譜學，雖然有助於我們從新的視域理解歷史，顯得新穎獨特，但是往往給人以先進科學的誤導。其實，它們並不一定比傳統史學進步。

第三章 心理學哲學

傅科對心理學（精神病學）的思考，始於他的處女作《精神病與人格》和為班斯旺熱《夢與在》法文版所作的序言。傅科所表現出來的種種異常舉動固然與自己的身心健康狀況有關；幸運的是，他的理論學習和探索、老師的理論討論將這些舉動引向了思的領域，進而成了他理論探索的必要條件和動力，思與活達到了統一；思與活又互相制衡，身心的困惑和與之相關的理論探索互為補充。傅科之所以能頑強地終其一生，正是因為思與活協調一致。可以說，他的疾病幫了他思想建樹的大忙，其理論訓練在很大程度上治療或控制了他的疾病。

從表面上看，傅科對癲狂的歷史研究，解構了歐洲近代理性主義傳統。傅科真是一個非理性主義者嗎？當然不是。實際情形要複雜得多，傅科潛心研究癲狂，另有意圖——想讓人們改變對「癲狂」習以為常的看法，「癲狂」只是「非理性」的具體實例。他比較嚴密地闡述了癲狂如何出現，又如何在歐洲心理學史、精神病學史、認識史和文明史中發生作用。人類既有「不癲」（正常、尋常、合理、理智、理性）的歷史，又有「癲狂」（反常、奇異、不合理、非理智、非理性）的歷史；既有過去的歷史，又有現在的歷史。在歐洲傳統理性史中沒有確立起「非理性」的地位，聽不到「狂人」

的傾訴聲；即使是現代精神病學（弗洛伊德精神分析學），也無法科學解釋狂者之病和病因，正確理解狂者之言和言意。

癲狂史自有準則，不服從理性史的一般法則。傅科的真正目標是實現從癲狂這一奇異現象來重看現時史(histoire du présent)。揭示癲狂，是為了探索非理性領域；❶ 重審理性，是為著解釋非理性；反思過去，是為著分析現時。這正是傅科《癲狂與非理性》的根本意圖。因此，我們不能把傅科癲狂觀和非理性主義甚至蒙昧主義並舉。打破傳統並不是壞事，也不奇怪，因為這是任何一位偉大思想家都應當做到的。反傳統意識並非傅科獨有，但問題是，他的努力與通常準則不同，而是另有立場：站在理性的對岸有條不紊地探索思想史，揭示非理性的意義，發現人的另一種經驗（精神之病）和人格，從正常人身上看到了反常人。

《癲狂與非理性》是一部關於從中世紀至十九世紀的癲狂的歷史。傅科對癲狂的分析，處於其「心理學哲學時期」（或稱為「心理學考古學時期」或「精神病學考古學時期」）。他把癲狂的歷史畫分成三個時代：第一個時代是中世紀末到文藝復興時代；第二個時代是古典時代（17–18世紀）；第三個時代是現代精神病學與精神病醫院時代（自18世紀末以來）。

在第一個時代，痲瘋患者消逝，狂人和愚者出現。歐洲痲瘋病在中世紀末被根治。狂人和愚者乘船通過水道被運往別處，狂人與正常人（尋常人）分隔，愚者與智者對抗。狂人和愚者離鄉背井，同流放犯沒有什麼兩樣，他們與正常人和智者之間存在著難以打開的封閉性邊界。他們淪入這般田地，對世界和人生只有一種感覺，

---

❶　參見Alan Sheridan, *Discours, Sexualité et Pouvoir*（《論說、性慾和權力》法文版），1985, Liège: Pierre Mardaga, p. 28。

那就是恐懼。布蘭特 (Brant, 1458–1521) 的《狂人舟》(*Stultifera Navis*) 講述了瘋子的這類故事。在這一時期還流傳著不少關於瘋子的民間傳說、滑稽故事，伊拉斯謨（Desiderius Erasmus，約 1466–1536）、莎士比亞 (William Shakespeare, 1564–1616)、塞萬提斯 (Miguel de Cervantes, 1547–1616)等也塑造了狂人和愚者的形象。

古典時代是一個理性時代。瘋子不再被安置到遙遠的地方，不再乘狂人舟，而是住進醫院。在醫院，他們不僅僅接受治療，而更重要的是被迫承受懲罰和禁閉。巴黎總醫院於1657年成立，隨後在全法國推廣，還得到歐洲其他國家的效法。這類醫院與其說是把狂人當作病人治療，不如說是把他們作為準犯人進行審判、懲罰和迫害。這種醫院成了準醫院準監獄。得癲病如同犯罪。歐洲理性時代的理性人視癲狂病（精神錯亂症）為社會大毒，將之與犯罪、賣淫等社會醜態等量齊觀，一併根除。狂人、貧民、老人、下流之輩、叛亂者等都是社會所驅逐或拋棄的異常人。

到了現代精神病學與精神病醫院時代，法國人皮內爾(Philippe Pinel, 1745–1826)將巴黎總醫院改建成精神病院。狂人從準醫院準監獄回到了純粹的醫院，成為真正的病人，不再被懲罰，而是接受心理治療。這種心理治療雖無害於肉體，但嚴重損害了心靈。精神分析變成了新的枷鎖和牢籠。精神病醫院實際上是狂人的陷阱和圈套，或者說是其精神上的「監獄」，是個吵鬧混亂的場所。關在精神病醫院的狂人仍然在受懲罰。理性還是衡量人正常與否的唯一標準。理性就是權力、力量和一切。狂人成了醫生（理性代表）和理性的懦夫。

儘管如此，1657年巴黎總醫院的建立和貧民大監禁、1794年精神病院的成立和被監禁者的解放，是歐洲癲狂史上的兩件大事。傅

科對歐洲癲狂歷史的三個時代的劃分和對這三個時代的癲狂觀念的分析，是新穎而獨到的。

在第一個時代，狂人之所以被隔離，是因為被看作愚者，效仿了處理痲瘋患者的辦法；在第二個時代，狂人之所以既受治療又受懲罰，是因為既被視為準病人又被視為準犯人，借用了治療病人和懲罰犯人的模式；在第三個時代，狂人之所以接受心理治療，是因為被當成真正的精神病患者，現代實證精神病學建立了一套嚴格的規則，發明了高超的醫療技術。然而，精神分析學現在和將來都不能理解非理性的話，也不能準確診斷精神失常者的病症本身。

不論是精神病醫生還是精神分析醫生，都無法治癒狂人的癲狂症，他們更加束縛了狂人。精神病院裡的醫生不應當代替病人說話，而應當讓病人自己出來說話。醫生必須看透病人的「心思」和「病因」。這是不同時代的歐洲人在理性的旗幟下對「狂人」和「癲狂」所抱的三種相異的態度。從中世紀至十九世紀，「不癲」的地位日益確定的歷史就是「癲狂」日益被禁錮的歷史，狂人一個時代比一個時代更受到迫害的歷史就是常人更被重視的歷史，進一步講，理性日漸盛行的歷史就是非理性日漸隱匿（沈默）的歷史。在傅科關於癲狂的本來開端的查考過程中，我們發現，理性的權威地位是如何在殘酷排擠非理性的漫長歷史中確立起來的。

《癲狂與非理性》重在研究醫生與瘋子、理性人與非理性人、不癲與癲狂、理性與非理性間的關係。布朗肖 (Maurice Blanchot, 1907-　)、魯塞爾等小說家的作品中的癲狂描述對傅科寫作本書產生了直接的影響。另外，法國當代宗教史家杜梅齊爾也直接啟發了傅科。傅科借用了杜梅齊爾關於印歐宗教的共同結構和神話結構分析的思想。這一思想也是列維－斯特勞斯結構主義的重要來源。這

可能是評論界將傅科和列維－斯特勞斯等人並稱為結構主義者的一個原因。傅科對杜氏結構思想改造後發現了癲狂經驗的結構形式。這種結構就是社會隔離結構、驅逐或排斥結構。在中世紀，歐洲人放逐痲瘋患者和異端分子。放逐是一種打擊、處罰，是恐懼的原因。古典文化拒斥派生於痲瘋病院的一切機構。

傅科寫《癲狂與非理性》的目的是敘述排斥結構的變化。可以說，傅科在研究癲狂本身的歷史時，發現了拘禁（隔離、驅逐或排斥）的歷史。科學與理性論哲學一直控制著「癲狂」和「隔離」，傅科則要跳出科學和理性論哲學去尋找新的隔離形式和癲狂經驗之間的關係。他本人因不合群而處於準隔離狀態，因有著真實的癲狂經驗而與癲狂保持著直接關係。他實現的是自我隔離，他是癲狂的局內人。這大大有助於他最終找到這種特殊關係。癲狂不是一種野蠻狀態，不存在於人類生活之外，而只存在於社會之中。在中世紀和文藝復興時代，癲狂是社會生活中司空見慣的現象。在古典時代，癲狂陷於沈默而被排斥，失去了它在莎士比亞和塞萬提斯時代（文藝復興時代）的昭顯和啟示現實的作用（比如，麥克佩斯夫人瘋後吐真言，莎氏藉以充分表達人文主義的生存願望與人生理想，批判資產階級追逐財富和權力的不擇手段與貪得無饜），成為嘲弄人和騙人的東西。傅科以此為據發現了癲狂的真實意義，講「真言」說「實話」，這正是哲學的本質。

二十世紀發現了癲狂而化之為一種自然現象，把它和世界之真聯繫起來。❷古典時代的「拘禁」毀滅了癲狂本有的深刻性和啟示

---

❷　參見 Michel Foucault, "La folie n'existe que dans une société (entrtien avec J.-P. Weber)"（〈癲狂只存在於社會之中〉）, *Le Monde,* No. 5135, 22 juillet 1961, p. 9。

力量，傅科在內爾瓦爾 (Gérard de Nerval, 1808-1855) 和阿爾托 (Antonin Artaud, 1896-1948) 的作品中找到了這種深刻性和啟示力量的復現。❸精神病學的語言是一種關於癲狂的理性獨白，必以某種沈默為基礎。傅科的興趣不在這種語言，而在這種沈默。癲狂即作品的空缺(l'absence d'œuvre)，因為它是在閒散和懶惰的基本關係上被思考的。❹醫院不負任何醫療責任，病人得不到應有的治療；因為狂人不應或不能再屬於社會的一部分，所以他們被送往醫院。拘禁所產生的不是癲狂和疾病間的關係，而是社會自身的種種關係。

癲狂史就是沈默史（考古學）， 即另一種癲狂史。傅科意在以「癲狂」證明「歷史」， 證明存在著另一種歷史。沈默是精神病學語言的基礎，更為根本。沈默先於獨白性語言。因為傅科把癲狂和非理性、理性聯繫起來進行考察，這表明癲狂已不是一個單純的醫學主題，而是一個與社會、政治、經濟、歷史、法律、道德、心理、文學等密切相聯繫的複雜主題。❺研究癲狂，為的是洞見出從中世紀到近現代歐洲社會現象的真實狀況。可見，傅科的探索深入到了

---

❸　內爾瓦爾、阿爾托、魯塞爾、布朗肖，以及荷爾德林、尼采、梵谷等人保證了理性與癲狂之間的中介，並且在理性語言的系統中談論癲狂，通過理性來影響癲狂。(參見Alan Sheridan, *Discours, Sexualité et Pouvoir*《論說、性慾和權力》法文版), 1985, Liège: Pierre Mardaga, p. 34) 這抓住了傳統癲狂觀的關鍵，傅科試圖把癲狂從傳統理性領域中分離出來，從而確立自己非理性的癲狂論。

❹　Pierre Macherey, "Aux Sources de l'Histoire de la Folie"（〈「癲狂史」的緣起〉), *Critique,* août-septembre 1988, p. 765。

❺　傅科總要為自己探討的主題建立一個複雜的關係網（考古學的或系譜學的）， 總要將所研究的主題和該主題引起的種種關係結合起來進行思考。這與他的考古學和系譜學的分析策略完全一致。可見，傅科始終有著一貫的治學方法。

癲狂經驗的核心。因此，《癲狂與非理性》為我們從哲學上理解歐洲癲狂的真正意義打開了第一個缺口。

歐洲文明中的「癲狂經驗」在傅科的分析策略上回到了「零態」，癲狂經驗處在零態時還沒有與其他經驗分開。通過深入分析，傅科發現了癲狂與理性的對立。❻癲狂正是在這種對立關係上顯現出了自身的文化價值。癲狂作為非理性的代表性實例而處於理性的對岸（極端）， 理性在歐洲思想史上卻一直處於顯性位置，掩蓋著非理性領域。理性一旦被塗抹掉就會展示出非理性領域，癲狂也自然由隱而顯，這說明癲狂已經在那兒。當然，我們不應走向另一個極端：只看見癲狂而不見理性領域。如果確實走向了這個極端，那麼，同樣可以把它塗抹掉，從而找到理性，這同樣表明理性已經在那兒。第一次塗抹可以發現癲狂，第二次塗抹可以找回理性。理性和癲狂，這組對立物都總是已經在那兒（從前就存在）， 共居於歐洲文化之中，是並重的。對立物或對立範疇的相生相剋是人類文化的基本規律或基本結構。可以說，人類的思想蹤跡是對立物相生相剋的產物，換句話說，歐洲文明既是理性（如不癲）的產物，又是非理性（如癲狂）的產物。理性與癲狂的「未來存在」是其「從前存在」的綿延。

傅科發現，理性排斥非理性（癲狂）的理論依據是笛卡兒理性主義哲學。笛卡兒的「我思故我在」沒有癲狂、反常、奇異、不合理、無意識、非理智和非理性的地盤，因為「我思故我在」強調有意識的我和存在著的我、意識（思想）和存在、「我在思」和「我

---

❻ 參見 Michel Foucault, "Préface, Folie et Déraison: Histoire de la folie à l'âge classique"（《癲狂與非理性——古典時代癲狂的歷史》序）, 1961, Paris: Plon, p. I.

存在」之間的一致性、等同性和共存性。「我」有理性（意識或思想），因此「我」存在，即是說，「我不癲故我存在」。於是，「我」作為正常人（理智人或理性人）而存在著。要是「我」癲（即我無意識、無思想），「我」肯定不能存在。

我們在傅科對癲狂的精彩分析中發現，狂人（非理性人）有心聲（有另一種語言），有祕密，常人（理性人）卻聽不到這種心聲，發現不了這種祕密。實際上，狂人有自己的思想方式。狂人的思是「狂想」，狂人的話是「狂言」，「狂想」與「狂言」決定了狂人特有的存在方式。可以說，「我癲故我在」。「我癲」說明「我無意識」，「無思想」，「無理性」，但「我」確實是存在的。這是毫無疑問的。癲狂顯示出了人的另一個樣子或形象。從中世紀到十九世紀的漫長時代裡，人思得不好，所以人完了。這是傅科在《詞與物》中要進一步發揮的思想。「我」作為理性人而思得極壞，想得很不周到，考慮得很不充分，思考得很困難，因此「我」不能發現癲狂和非理性的祕密，聽見精神病患者的心聲，「我存在」的可靠性和完美性也應大打折扣。思想著的「我」與存在著的「我」都有問題。這說明「我」有精神上的苦惱和肉體上的疾病，「我」也有缺陷。「我」的理性之思不但傷害了「我自己」的身體，而且損害了狂人，壓制了癲狂和非理性。這表明，「我」完全「不懷好意」，有「罪」，作了「惡」。

狂人在中世紀文化中曾是上帝的使者，在現代是反抗理性的存在者；他擺脫了理性，獲得了非理性，是自由的。癲狂是一種精神病或精神錯亂症或譫妄。精神病患者就是失去理性(raison)的人，有傻念頭，思想無序，說荒唐話，做愚蠢事。狂人無知狂妄，狂放不羈，舉止輕狂，狂易狂悖，言狂行愚，像個頑童或弄臣。癲狂是一

種非理性（déraison，即dé-raison分化理性），即分離、去除、解除理性。非理性是一種否定理性的力量、權力和權利。狂人對理性可以說「不」，也有對精神病醫生和精神分析醫生說「不」的權利。儘管他們在作為理性人的醫生面前、在理性秩序中、在司法禁錮面前、在道德習慣上，還顯得十分懦弱。傅科推崇的非理性（如異常、反常）概念，在人類知識產生的歷史上起著重大作用。知識上升到科學的層次，很難。在知識大廈裡，科學知識（理論）總是為數極少，大多都是非科學性論說。

關於癲狂的思想，其實在傅科之前早有哲學家研究過，只是不如傅科之研究系統，思想旨趣亦各異。法國哲學家阿蘭(Emile-Auguste Alain, 1868–1951) 提出，瘋子作為無意識者是很自信的，經常口出粗話或咒罵。❼人的身體因刺激和疲乏而產生一系列反常的言行舉止，並使人沈湎於情慾中。阿蘭通過瘋子把意識與無意識、潛意識聯繫起來，研究有意識之思和無意識之思及其關係。在柏拉圖看來，情慾(eros)是一種枷鎖，人必為情慾所控。❽瘋子和情人、醉鬼都充滿慾望，都是慾望的掠奪者；他們過分而癲狂地追求快樂，難以擺脫慾望的束縛；在追求刺激的過程中，他們是癲狂、激動、狂暴的，易走極端，往往發生精神錯亂甚至奇異的癲狂。他們的慾望是無窮無盡的，也是十分可怕的。柏拉圖所描述的慾望主體不是慾望的主宰，而是其奴隸。慾既引導人，又扭曲人。因此，人應當節慾，人貴在節慾，唯節慾是美德，要獲得自由就必須脫離慾望的

❼ 參見Emile-Auguste Alain, *Sentiment, Passion et Signes*（《意識、情感與符號》），1931, Paris: Gallimard, p. 119。

❽ 參見 Plato, *République*（《理想國》法文版），Livre IX, 572c–573d, Garnier, pp. 322–324。

困境。身與心都絕對依賴於慾望，生活需要慾望。「情慾使動物受益，使人遭損。」❾情慾讓人舉止異常，欣喜若狂，難以控制，以至產生偏見和痛苦。為情慾所驅使的人必然成為一個狂（熱）者，像失控的馬達。各種情感互相碰撞，環境阻撓著性愛，父子（女）關係妨礙著友誼。人要協調個體情慾以協調社會，應該適當克制情慾。倫理學因此而誕生。傅立葉 (Charles Fourier, 1772–1837) 和柏拉圖一樣試圖將慾望與瘋癲結合起來進行考察，以解決慾望對人的影響問題，探尋慾望和情愛（或人和生命）間的關係。

　　有理智的人（智者）是理性的代表，瘋子（不理智的人）是非理性的代表。巴斯噶指出：想像是「理性的大敵」、「錯誤和謊言的主宰」。❿想像使人相信、懷疑和否定理性，雖不能使狂人變得理性和聰明，但可讓他們去過幸福生活。想像生活是一種癲狂的冒險。癲狂患者受到監禁，但他們是十分「正直」的人。如果我只能與精神失常者相比較，那麼我的神經也如此錯亂和糊塗。精神失常者在貧窮時，總堅信自己為王；衣衫襤褸時，認為自己穿金戴銀；把自己想像成壺壺罐罐⋯⋯他們的想像十分荒誕。他們都是瘋瘋癲癲的人。⓫癲狂的想像或想像的癲狂似惡魔般地讓人自我捉弄。康德認為，癲狂與知性之間的界限非常模糊，因此，他主張，不能消滅瘋子和幻想者，只能淨化他們。⓬拉崗把癲狂引向了自由領域，癲狂

❾　Charles Fourier, *Le Nouveau Monde Industriel et Sociétaire*（《新型工業世界與社會》），1972, Ed. Anthropos, p. 50。

❿　參見Blaise Pascal, *Pensées*（《思想錄》），col. "Pléiade"，1976, Paris: Gallimard, p. 116。

⓫　René Descartes, *Méditations Métaphisiques, Première Méditation*（《形而上學沈思——第一沈思》法文版）。

⓬　Emmanuel Kant, *Rêves d'un Visionnaire*（《幻想者之夢》法文版），

是自由的冒險。人處於癲狂狀態可以保證自己的真實存在，獲得了
任意咒罵「某人」和任意想像「什麼」的自由，很可能迸發出巨大
的創造力。透過巴斯噶、笛卡兒、康德、拉崗等人的探索，我們發
現，癲狂指向了另一條「真理道路」。

　　本來，癲狂一詞在歐洲，係指心理（精神）病理學上的各種精
神錯亂症（精神病）。近代精神病學把精神錯亂症分成神經症和心理
病兩種。它是個純醫學的對象。事實上，精神上的「正常」與「反
常」很難分辨清楚。在傅科的考古學層面上，癲狂不是自然的病理
現象，而是文明的奇異產物。它必須依賴於一定的時代、地點和文
化。自中世紀來，歐洲人對癲狂的態度發生了許多變化，狂人經歷
了從被同情到被排斥和拘禁，從警察監視到醫學檢查的過程。癲狂
也逐漸成為理性的否定力量。傅科對癲狂的思考所指向的是一種新
的自由——擺脫理性，獲得非理性。癲狂不再是精神病學和精神分
析的對象，而是文化（知識）考古學的對象。狂人不再是醫學上的
「病體」，而是文明史上的「奇才」。如果我們由「癲狂」切入歐洲
哲學，那麼可以找到其另一條基本的思想理路。這條思路等待著我
們去重視和發掘。

1967, Paris: Vrin, p. 97, p. 100。

第四章　醫學哲學

　　傅科對醫學的哲學反思早在〈科學探索與心理學〉一文中即略顯端倪。傅科指出，醫學與心理學之間存在著不可滲透性，巴班斯基(Joseph Babinski, 1857-1932)的醫學思想還若隱若現地統治著法國醫學的精神；當代法國醫學不僅反對糾正醫學的方法和概念，而且反對重新討論疾病的真實意義和病理現象的絕對價值，也反對心理學的介入。❶1961年11月27日，寫完《診所的誕生》，次年9月，阿圖塞閱讀了本書手稿 。1963 年 4 月，該書以 *Naissance de la Clinique: Une archéologie du regard médical*（《診所的誕生──醫學凝視考古學》❷）為名出版，納入康吉漢主編的《生物學與醫學的歷史學和哲學叢書》。這表明傅科第一次用考古學(archéologie)一詞作書名。

　　傅科是一位考古學家。《診所的誕生》集中體現了傅科的考古學醫學觀，特別關注十八世紀末到十九世紀初的臨床醫學。傅科要

---

❶　參見 Michel Foucault, "La Recherche Scientifique et la Psychologie"
　　（〈科學探索與心理學〉）, *Nouvelle Recherche,* No. 13, 1957, p. 141,
　　pp. 149-150。

❷　傅科早年在精神病醫院實習，為該書的寫作提供了實際經驗和活的素
　　材。本書目前尚無中文譯本問世。

揭示的是臨床醫學的方法和精神的構成。醫學凝視考古學是關於病
人的新思想、新觀念。人的「病體」作為「肉體」，又是生物學或
生理學的對象，因此，醫學凝視考古學可以看作關於生物學或生理
學的哲學。從《精神病與人格》到《診所的誕生》，傅科哲學主題
從精神病經過癲狂（精神病的具體形式）過渡到了身體疾病，即從
「心靈」過渡到了「肉身」；考察學科從精神病學（心理學）過渡
到了臨床醫學；研究場所從精神病院過渡到了診所。傅科思想發展
進入「醫學哲學時期」或「醫學考古學時期」。

　　我們在該書序言裡讀到：「本書討論的問題是空間、語言和死
亡，是研究看的。」❸ 看(regard)即凝視、注視。醫學上的「看」是
醫生對病人的疾病進行檢查、臨診、臨床、診治或診斷的一種方法。
醫學凝視考古學是一個不動搖的歷史性和批評性探索計畫，這個計
畫確定了近代所認識到的醫學經驗的可能性條件。傅科的目的不是
用一種醫學去反對另一種醫學。就本書的價值而論，在傅科考古主
義層面上，歐洲醫學成為人文科學的基礎知識，它同浪漫主義、孤
獨的個人感覺和個人的陰暗面之間有著內在關係，潛存於整個古典
時代的死亡論題得以顯示出來；不止於此，該書的重要性更在於它
揭示了語言和死亡、空間、看（凝視）的本質聯繫。❹「醫學空間

---

❸　Michel Foucault, "Préface", *Naissance de la Clinique*（《診所的誕生》
　　序），1988, Paris: Quadrige｜Presses Universitaires de France, p. IV。

❹　傅科在《診所的誕生》第二版做的術語修改或刪除：把langage（語言）
　　改成discours（論說），把analyse structurale du signifié（所指的結構分
　　析）改成analyse d'un type de discours（論說類型分析），拋棄signifié
　　（所指）與signifiant（能指）的區別；結構語言學術語不復存在，代
　　之以中性術語；一般論者認為，傅科是為了與結構主義劃清界線而為；
　　其實，傅科在他學術生涯一開始就與結構主義者嚴格區別開來，即使

可能與社會空間一致，更確切地說，它們完全互相滲透。」❺這表明傅科討論的絕不是純粹的醫學問題，不是醫學及其對象的結構，而是醫學及其對象演變的可能性條件。我們也應該看到，傅科關於死亡的重新討論，在時間上還要大大往前推移。

1934年，奧地利總理陶爾斐斯被納粹分子殺害而使傅科第一次產生了「死亡」恐懼。當然，傅科在此時的死亡恐懼和關於死亡的觀念還是非常樸素的。但是，一國總理被納粹分子殺死不是一個簡單的自然現象，而是一個社會、政治、人類的重大事件。少年時代得到的死亡印象無疑影響著傅科。這為他後來自覺認識死亡這一悲劇性現象刻下了難忘的蹤蹟或證據。傅科在班斯旺熱《夢與在》法文版作的序裡就有關於死亡的論述。「夢中經常出現死亡恐慌。死亡在夢中是矛盾的臨終時刻。一切橫死、暴死、充滿恐懼的死的夢都產生感覺，終究應該認清自由與世界的對抗。」「睡眠通過死亡恐懼產生死亡。」「人在熟睡中夢見的是自己的死亡。」「隱約顯出的死亡，如小偷從身後走來，征服生命，永遠與必然王國的自由融為一體。但是，死亡也可能以另一種面目出現在夢中：不再是自由與世界的矛盾，而是它們表現出的原有統一或新型關係。」❻傅科以夢中的死

用了結構主義術語如杜梅齊爾等人的結構概念，也已經過改造以符合自己的理論要求，與原來的結構思想已大大不同。傅科的思想來源不是結構主義，而是尼采、康德等人的哲學。修改術語的主要原因是傅科固有的理論興趣（考古學、尼采哲學、康德哲學、甚至系譜學）：論說成為《知識考古學》和《論說秩序》的主題。

❺ Michel Foucault, *Naissance de la Clinique*（《診所的誕生》），1988, Paris: Quadrige | Presses Universitaires de France, p. 30。

❻ Michel Foucault, "Introduction (Binswanger, Le Rêve et l'Existence)（班斯旺熱《夢與在》序），in Foucault, *Dits et Ecrits 1954–1988* (tome

亡恐懼闡述了古典時代初期的死亡主題。他最初的死亡觀為進一步
考察古典時代的死亡主題作了理論上的準備。

　　在解剖─臨床醫學中，疾病是生死攸關之事。病人是活人與死
人的中間人。人在死亡過程中並沒有被解剖的危險，因為死亡過程
與生命過程是同時推進的，人在死亡過程中是一個活人，活人不是
解剖的對象；但人在疾病中面臨著被解剖的危險，因為人在病危時，
死亡對生命的絕對否定力量異常強大，病中人很可能一命嗚呼而最
終成為一個現實的死人。死人是活人與病人的否定者，是解剖的對
象。對死人的解剖有助於我們從根本上澄清掩埋於人體內部的生命、
疾病和死亡的起源，進而提供關於生命、疾病和死亡的真知。這種
真知不來於人體外部，而產生於人體內部。人體之死是揭示此真知
的必要條件。在建立解剖─臨床醫學的過程中，我們絕不可忽略死
亡的作用，死人勝過活人。死人是解剖─臨床凝視的基礎，活人是
臨床經驗的基礎。傅科在歐洲醫學中發現了活人和死人在不同時代
起著不同的作用，強調了死亡在歐洲文明史上所產生的特殊影響。
死亡是近代醫學知識之源。現代醫學更加重視死亡研究和遺體解剖。
這有利於理解生命、疾病和死亡的本質，豐富醫學知識。

　　我們可以在《診所的誕生》裡讀到：

　　　　生命、疾病和死亡在技術上和概念上構成三位一體……我們
　　　　能夠看見與分析的正是死亡頂點的有機附屬物和病理秩序
　　　　……著名的分析醫生揭示了各種死亡關係並把它們展示出
　　　　來，死亡在嚴格的分析中使起源奇觀光彩奪目。❼

I)（《說與寫1954–1988》第1卷），1994, Paris: Editions Gallimard, pp.
94–95。

　　死亡與生命、疾病構成一個三角圖式。死亡處於三角圖式的頂端，是分類醫學的極限。以死亡為頂端的三角圖式是病理解剖學的產物。傅科把古典時代的死亡主題引入到了哲學分析之中。

　　病人在診所(clinique)是醫生的凝視物，死人的遺體是臨床—解剖醫學的對象。醫生是看者（凝視者）和解剖者，病人是被看者（被凝視者）、死人的遺體是被解剖者。傅科在《診所的誕生》中所用法文詞 regard 被英譯為 perception。漢語界通常把這個英文詞譯成「感知」或「知覺」。❽「看」具有醫學意義，是診治疾病的方法或技術，通常說「看病」。「看」、「凝視」、「感知」一脈通連，都可用來譯法文regard一詞。

　　流行的看法是現代臨床醫學產生於十八世紀末、十九世紀初。十八世紀的醫生拋開自己荒誕的分析，驅散了出現在他們眼前的迷霧。臨床經驗勝於臨床理論。現代臨床醫學的基本手段就是看和看的活動，特別關注個體事件和奇異事件。「醫生能夠看見和描述數個世紀間留存於可見與可表達的極限的東西……因為舊有的知識密碼規定了他們可以看見的一切。知識密碼遭到破壞，發生了變化，

❼　　Michel Foucault, *Naissance de la Clinique*（《診所的誕生》），1988, Paris: Quadrige | Presses Universitaires de France, 1988, pp. 146–147。

❽　　regard相當於英文詞glance（一瞥、目光），eye（眼光、觀察力、看、注目、注意），gaze（凝視、注視）。《診所的誕生》英譯本正文一般用gaze，這符合原意。譯作perception，是意譯。perception有「感覺」、「感知」、「知覺」、「認識」，法文中也有perception一詞，意思相同。感知是通過眼睛（感官）看或凝視而產生的。英譯本把regard意譯為perception，是有道理的。其實，英文也有regard一詞，意即「注視」、「凝視」。這裡的「看」、「凝視」、「感知」和「知覺」不是通常意義上的，而是醫學意義上的。

為的是十八世紀的醫生可以觀察到下個世紀的醫生要尋找的現象。
這不是回到未被語言歪曲的純粹的看，而是重返看與說的同時變
化。」❾ 為此，病人應該在相同的場所過集體生活。政治意識形態和
醫學技術為這種生活提供了保證。《診所的誕生》寫明：「看掩蓋、
撫愛、詳述、解剖最具個體性的肌肉，注意到肌肉的祕密傷痕；居
於死亡頂端的看是固定的、認真的、擴大的，已經斷絕了生命。」❿
死亡主題在醫學知識中占有重要地位。

　　傅科對醫學（診所）的看（凝視）的分析，為後來研究法學（監
獄）的看（監視 surveillance）作了理論上的準備。診所裡存在著凝
視權和治療權，監獄裡存在著監視權和懲罰權。這些權力的行使都
把病人與犯人看穿了(glance)和看見了(voir)。病人和犯人作為人，
統統可（被）「看(voir)」可（被）「知(savoir)」。所謂權力(pouvoir)
就是「看」的權力和「知」的權力。voir, savoir和pouvoir，這三個
法語詞具有共同的VOIR（看）。醫生看病人，即人看人。儘管人與
人之間有距離，還是存在著看與被看的關係。傅科是通過VOIR(看)
把 savoir（知識）和 pouvoir（權力）結合起來的。

　　與傅科的《瘋狂與非理性》和《詞與物》一樣，《診所的誕生》
表現的是經驗陳述領域，陳述的是知識的特殊領域，面對的是一系
列特殊文獻。經驗陳述要服從一些形式規則，試圖給不同的認識論
領域尋找唯一的理論模式，展示了各種關係：實踐關係、制度關係、
社會關係、政治關係、經濟關係、歷史關係等，從而確定了不同領

---

❾　Alan Sheridan, *Discours, Sexualité et Pouvoir* (《論說、性慾和權力》
　　法文版)，1985, Liège: Pierre Mardaga, p. 61。

❿　Michel Foucault, *Naissance de la Clinique* (《診所的誕生》)，1988,
　　Paris: Quadrige｜Presses Universitaires de France, 1988, p. 175。

域間的關係，比如醫學認識論領域與鎮壓、醫療、公共衛生檢查制度的領域間具有密切聯繫，這種關係是傅科要揭示的中心主題，就是論說領域（醫學理論、論說體系內部）與非論說領域（醫學實踐、論說體系外部）之間的互聯性(corrélation)。

醫學凝視考古學是一種科學論說，揭示了醫學史的可能性條件，醫學對象的構成必須依賴這些條件。通過醫學凝視考古學和癲狂考古學的建立，傅科把病人和狂人區別開來。沒有狂人，就沒有精神醫學和心理病理學；沒有病人，就沒有臨床醫學。病人和狂人的實際意義在於，成為論說體系建立的可能性條件。傅科闡述的醫學論說的構成，為後來提出一般論說的構成作了思想上的準備。論說構成涵蓋著一系列主題：政治反思、改革計畫、法律措施、管理條例、道德規則等。《診所的誕生》和《癲狂與非理性》都具有濃厚的科學史特徵。前者研究臨床科學史，後者分析心理學史，兩者都揭示了科學史的可能性條件。傅科自認為探究的就是科學史（生物學史、醫學史和自然科學史）問題（如關於醫學史的哲學沈思）。❶

應該說，傅科尚處於初期階段，還沒有完全從傳統科學史中擺脫出來，更沒有確立起自己系統的方法論原則，主題研究帶有盲目性，有很多不確切之處。理論工具無力，心理病理學本身的術語也沒有很好地建立起來。直到弗洛伊德時代，歐洲心理病理學的科學性並不強，但是，與論說相關的一切制度、經濟和社會的語境非常重要。診斷和治療病人的手段依賴於社會結構和經濟條件。這恰恰

---

❶ "Entrevista con Michel Foucault"（〈傅科訪談錄〉），in Foucault, *Dits et Ecrits 1954–1988* (tome II)（《說與寫1954–1988》第2卷），1994, Paris: Editions Gallimard, p. 157。傅科在研究癲狂考古學之時就接觸到分類醫學問題。

是《診所的誕生》一書的薄弱環節。於是，很難弄清知識和社會之間的真實關係。儘管傅科作了巨大努力，還是不令人滿意。

　　雖然《診所的誕生》是傅科所有著作中學術性最強的一部，但與他預期的理想相去甚遠，沒能引起讀書界和評論界的極大關注。在科學結構上，醫學比精神病學嚴密得多，但是，它同樣深深植根於社會結構之中。

第五章　文學哲學

　　傅科的文學哲學（文學理論）集中體現在1963年4月出版的《雷蒙・魯塞爾》之中。傅科文學理論尚未引起我國傅科研究者的注意。1963 年前後這一階段，是傅科思想發展過程中的「文學哲學時期」或「文學考古學時期」。 在這一時期，除了《雷蒙・魯塞爾》文學理論專著之外，傅科還發表了數量和質量都相當可觀的文論，內容涉及盧梭(Jean-Jacques Rousseau, 1712–1778)、荷爾德林(Friedrich Hölderlin, 1770–1843)、巴塔葉、克羅索夫斯基(Pierre Klossowski, 1905–　)、布朗肖❶、韋爾納(Jules Verne, 1828–1905)等文學家的作品與思想，傅科對文學家的廣泛研究展現了一個深闊的文論視域；同時，依然重視心理學、醫學和自然科學研究。文學哲學時期是心理學哲學時期和醫學哲學時期的內在延續。如果說，《瘋狂與非理性》在引用原始文獻時還依賴文學作品，《診所的誕生》完全擺脫了文學作品，那麼，《雷蒙・魯塞爾》專門研究文學作品所描述的奇異現象。雖然經歷了否定之否定的過程，但在風格和方法上，傅科還沒有改變，仍然欲在歷史中看到另一種傳統，聽見另一種聲音。

　　1962年夏，傅科在《公開信》(Lettre Ouverte)雜誌上發表了〈雷

---

❶　關於布朗肖，傅科寫過一篇長文〈域外之思〉(Critique, No. 229, juin 1966, pp. 523–546)。

蒙・魯塞爾論「說」與「看」〉(Dire et Voir chez Raymond Roussel)
一文，即《雷蒙・魯塞爾》的第一章:〈界限與祕訣〉(Le Seuil et la
Clef)，但在1963年成書時有改動。1964年8月22日，又在《世界報》
(No. 6097)上發表了〈為什麼重版雷蒙・魯塞爾著作? 現代文學的
先驅〉一文。就在傅科出版《雷蒙・魯塞爾》這一年，出版家波韋
爾(Jean-Jacques Pauvert)重版了魯塞爾的《景》、《替角》(*La Dou-
blure*)、《非洲印象》(*Impressions d'Afrique*)等作品。傅科對魯塞爾
及其作品的重新發現和認真研究無疑是超前的。1962 年出版的《野
性思維》（列維–斯特勞斯）標誌著法國結構主義的誕生。六〇年代
法國思想界大論戰標誌著思維方式和寫作方法的完全更新。《雷蒙・
魯塞爾》的面世正值這場大論戰之初。

　　傅科在《雷蒙・魯塞爾》中探討了語言和死亡間的關係，指出
了語言的意義、形式的轉移遊戲與必然接合遊戲如何支配詩歌或散
文語言創作結構的建立。它不是傳統意義上的文學評論，而是另一
種文學理論:讓讀者傾聽魯塞爾在其作品中發出的另一種聲音。這
種聲音在傳統文學評論中是不可能聽見的。「我們今天的任務是，
將我們的注意力集中在非論說語言上;在近兩個世紀裡，這種語言
在我們的文化裡頑強地維持著其間斷的存在。」❷傅科試圖追問這種
語言是什麼，以確定其範圍。非論說語言因長期受到人文理性的壓
制而處於斷裂狀態。文學的形而上學沈思就是解放這種語言及其所
表現的非理性經驗，再現非理性經驗及其語言的至上性。哲學應當

❷　Michel Foucault, "Préface à la Transgression (〈違犯緒論〉) "(*Critique,
No. 195–196: Hommage à G. Bataille,* août-septembre 1963), in Fou-
cault, *Dits et Ecrits 1954–1988* (tome I)《說與寫 1954–1988》第 1
卷)，1994, Paris: Editions Gallimard, p. 240。

為文學特別是表達非理性的文學語言服務。

　　除此之外，傅科試圖藉魯塞爾展現他自己的情感隱祕，從而建立情感(passion)考古學。對情感的考古是在非理性經驗和語言遊戲的交織中實現的。魯塞爾將非理性經驗和語言遊戲集中體現於己身，這正與傅科暗合。傅科把魯塞爾看作知音。在傅科眼中，魯塞爾是非理性經驗的代表。傅科從魯塞爾的生平和作品中獲得了非理性的文學經驗(expérience littéraire)。「文學經驗」這一概念是我們理解傅科研究魯塞爾的關鍵。應該說，經驗(expérience)一詞在傅科不同著作中有著不同的形式和內容，如癲狂經驗、凝視經驗（臨床經驗）、文學經驗、勞動經驗、監視經驗、懲罰經驗、性慾經驗等。泛而言之，經驗是某種感受或經歷，是體驗、試驗、探索、嘗試某事某物後之所得。凡人皆有經驗。經驗一詞是我們理解傅科整個學術工作的一塊基石。傅科哲學所談論的經驗處於一種關係之中，具體言之，即是處於理論和實踐、論說和制度、主觀和客觀、尋常和奇異、真和偽、顯明和隱蔽之間（折疊處或交叉處），它是一件褶皺品。❸

　　經驗這一概念在《雷蒙‧魯塞爾》一書中具體體現為「文學經驗」。文學上的癲狂和吸毒經驗是很基本的，因為癲狂和狂人之言都存在於我們的社會裡。傅科認為，魯塞爾所有作品描述的是一系列奇異經驗（非理性經驗）：癲狂、同性戀、怪僻、死亡恐懼、夢幻等。它們是魯塞爾最感興趣的話題，也是最吸引傅科的論題。因此，魯塞爾作品才能引起傅科的共鳴。文學具有描述此類經驗的特權。傅科賦予魯塞爾作品中的奇異經驗以獨特意義。關於這些文學

---

❸　參見Pierre Macherey, "Présentation"（〈 前言〉）, in Michel Foucault, *Raymond Roussel*（《雷蒙‧魯塞爾》）, 1992, Paris: Editions Gallimard (foilo\essais), p. VIII。

經驗的理論思考，大大促進了傅科對後來其他經驗如知識經驗、懲罰經驗、性慾經驗等的考察，也是對前期癲狂、臨床等經驗研究的補充。

在此，我們發現，傅科哲學的各個主題間具有內在的一致性和相繼性。長期以來，傅科思想被視為一個雜亂無章而不成體系的東西。今天，我們必須破除這種錯誤觀點，顯出傅科哲學之本來面目。我們不難理解傅科為什麼要研究魯塞爾以及盧梭、荷爾德林、巴塔葉、克羅索夫斯基、布朗肖、韋爾納等文學家及其作品。在文學時期，傅科已自覺將文學經驗和癲狂、臨床等經驗結合起來探索，並且把這些經驗研究都置於考古學（哲學方法）層面。因此，傅科的文學理論具有獨特的哲學意圖，即考古學哲學。這與一般意義上的文學評論有著很大的區別。

在巴塔葉、尼采、巴斯噶、杜思妥也夫斯基、普魯斯特、布朗肖等人的作品中，傅科所找到的「色情」、「痛苦」、「罪惡」、「死亡」，也存在於魯塞爾的作品中。文學語言不是人手隨便書寫的工具，而是文學經驗空間存在之所。那麼，什麼是傅科意義上的「文學」呢？有待進一步澄清。

在中外古代，文學本指文字記錄的文獻書籍，專指語言藝術則是現代的事情，文學在中國古代為韻文（文）和散文（筆）的總稱。現代中外文學都分為詩歌、散文、小說、戲劇、影視文學等。傅科所議論的文學是敘述者將想像物或虛構物引入語言遊戲而產生的藝術。每位作家都存有孩提時代的想像力。今日的文學問題成了語言問題，文學描述的生活主題直接存在於語言和生活的關係中。現實文學與超現實文學都是存在的，而且是並存的。「文學，不是自我接近的語言……而是自我背離的語言……文學的『主體』（文學自

論者和談論對象），不是如此具有實證性的語言。」❹ 這表明語言表達與事物要求之間存在著巨大的裂口。「我思」、「我在」與「我說」之間也有距離。「我在」是赤裸裸的語言經驗。文學的任務正是講述這類經驗。因此，文學表現為經驗場、地點和空間，思想經驗在經驗場、地點和空間得以顯示出來。

傅科坦言，他研究魯塞爾最初沒有學理上的原因，他不是文學評論家，也不是文學史學家。他也無意於做文學評論家或文學史學家，對魯塞爾的研究只是自己的一時興趣，是相當個人化理解的產物，即考古學思路下的即興之作。

關於語言遊戲(jeu du langage)問題。傅科和魯塞爾都把寫作當成語言遊戲（或文字遊戲或符號遊戲）。語言遊戲是一種智力遊戲，為一種文化娛樂，與體力遊戲同。魯塞爾童年無憂，少年以音樂為遊戲，青年始以文學為遊戲，用筆抒發自己的非理性情感體驗，為文學而生，一發不可收，至死方休。他配得上「專門之文學家」之名。玩遊戲必下賭注，冒大風險，文學遊戲亦然。魯塞爾玩語言遊戲，就是玩命，拿自身的命去下賭注，直接而大膽地摹寫其生命。傅科特別重視這一點且深受影響。

魯塞爾寫成《我是怎樣寫我的一些書的》(*Comment j'ai écrit certains de mes livres*) 一書，分析自己的寫作方法、程序和祕密，提出語言遊戲說，確立語言遊戲的規則。魯塞爾的詩歌作品是其寫作方法的應用。他是一個駕馭語言的人，善於運用語言透露自己的祕密，揭開祕密之謎。通過語言的表達，祕密之祕密不再是祕密，因為語言一點也不隱瞞什麼，能將一切都講出來。隱匿的語言悄悄

---

❹　Michel Foucault, *La Pensée du Dehors*《域外之思》）, 1986, Montpellier: Editions Fata Morgana, p. 13。

地顯示點什麼，這是一種沈默。不可見的語言具有不可見性。語言既是活生生的又是死氣沈沈的，既是充滿的又是空著的。❺綜上觀之，語言具有重複性和兩重性。魯塞爾語言遊戲體現了語言的基本特點。語言遊戲不僅僅與語言運作相關，而且與語言自身有關。死亡經驗成為文學語言遊戲的可怕對象（祕密）和最後賭注。傅科指出：魯塞爾發明了語言機器，在寫作方法之外，不存在任何有別於語言和死亡間關係的祕密。❻《雷蒙・魯塞爾》一書連通死亡和文學間的聯繫，《詞與物》一書將打開死亡和哲學間的通道。死亡這一主題進而將哲學與文學結合起來。

　　傅科研究魯塞爾這位漸被忘卻的文學怪傑之目的，一方面是，探究文學的非理性經驗與心理學（精神病學）和醫學的非理性經驗的一致性；另一方面是，試圖恢復語言符號的固有密碼（暗碼），澄清符號問題。這是傅科重視魯塞爾及其作品的更為根本的目的或更加深刻的理由。這一點，為傅科寫作《詞與物》和建立新的理性（人文理性）批判顯出了清晰的輪廓。此為一般傅科學者所忽略。前一方面表明傅科哲學在學理上的連續性，從一個領域（主題）到另一個領域（主題）的過渡有著內在的聯繫；後一方面說明，非論說語言 (langage non discursif) 在形而上學紛爭中失去了應有的重要地位，事實上，它所表達的非理性經驗如性慾、癲狂、沈默等在歐洲文明中相當重要。

　　本書作者在閱讀傅科的著作中驚異地發現，語言在思想中毀滅了自身的真相和本性，為此，傅科將思想的語言引向了論說領域。

---

❺　參見 Michel Foucault, *Raymond Roussel*（《雷蒙・魯塞爾》），1992, Paris: Editions Gallimard (foilo\essais), p. 87, p. 77, p. 85, p. 20。

❻　見前引書，p. 71。

語言在論說中獲得新生。論說是說和寫的結合。說與寫編織著「論（說）叢」。 言說者在默默地說與勤奮地寫的歷史過程中留下符號層（符號性蹤蹟）。 符號層與符號層之間具有疊壓關係。在刻下符號性蹤蹟的活動中，寫勝於說。總之，說與寫都是為了使說者和寫者自己不朽。不朽即不死，不死是對死亡恐懼的否定與抗拒。為了抗拒死亡，不得不發言，甚至把玩語言遊戲以作最後掙扎。為抗拒死亡而玩的語言遊戲在一定程度上挽救了《診所的誕生》中的死亡觀念。文學層次上的「不朽」可以彌補醫學意義上的「死亡」， 就是說，符號性（精神性）不朽可以延長現實性（肉體性）的有限生命。不過，傅科在魯塞爾的語言遊戲裡發現了符號的有限性。「也許，這種無年代的幻想空間（事物迷宮和語言變形交織而成的空間——引者注）就是一切語言的空間。這種語言在事物迷宮裡無限向前推移，但是其基本而神奇的貧乏以它自己為中心，使它具有變形的法力：相同的詞語指謂不同的事物，具有不同的含義。」❼

　　傅科通過對魯塞爾《非洲新印象》的研究已經看見了詞與物之間的間斷性關係。詞表達物的特權應大打折扣。物的迷宮與詞的變形如影隨形。符號的有限性決定了我們必須重複用詞。不過，我們應當看到，重複又是一個無限的推進過程。重複可能是語言遊戲的一個祕密。無限重複的語言書寫遊戲彌補了語言本身的有限性。雖然單詞和語言句型的數量是有限的，但單詞、詞組、單句所組合的詞群、句群是無限的，又存在著大量的同義詞、近義詞和反義詞；因此，完全夠我們使用，說話不可能僅僅是重複或絕對重複；還存在著差異，同一個人在不同時空的言說是會不同的；當然有可能重複說一句或幾句話，這與差異相比又實在稀少。文學創作也是如此，

------

❼　見前引書，p. 124。

同一句話有可能出現在不同的作品裡，然而數量很少。這種「很少」
（語言的稀少性）為文學作品的語言個性和風格提供了可靠保證。
重複與差異並存且交織。重複是有差異的重複，差異是有重複的差
異。

　　語言的中心不再是思想,而是死亡及與死亡直接相關的事件。
語言與思想無關，而只同非理性經驗空間發生聯繫。語言不再是思
想的工具，從此擺脫了工具理性的屈從地位，而是語言自身。這樣,
語言回到了語言自己的家中。傅科關注語言的全部努力都體現了這
一基本意圖。傅科在後來的研究中徹底將「語言」替換成「論說」,
原來的語言問題變成了論說問題。傅科自己也和魯塞爾玩了一次語
言遊戲（符號遊戲）。論說建構了非理性經驗的符號空間。可以說,
論說是存在或經驗之家。從語言到論說不是簡單的文字變換，而是
為非理性經驗建立了言論空間，留下了符號性蹤蹟，看到了非理性
人（如魯塞爾、薩德、荷爾德林、尼采……）在這個符號空間如何
與非理性經驗和語言符號相依為命，又如何把符號空間作為家。非
理性人在這個家裡過著自己的癲狂、恐懼、同性戀、奇異、隱祕的
生活。他們過的完全是無拘無束、自由自在、遺世獨立的私生活。
這也符合傅科本人的生活追求。

　　如果說，魯塞爾玩的是語言遊戲，那麼傅科玩的就是論說遊戲。
魯塞爾的語言遊戲是有作者的，而傅科的論說遊戲是無作者的。因
為作者是有血有肉的談話人，所以他表達現實的能力有限，他用的
符號很貧乏且大量重複。傅科本人不再充當作者來代替非理性人說
話，而是讓他們自己出來言說。面對評論界的責難和誤解，傅科反
駁別人根本沒有理解他的思想。批評者沒有讓他自己出來盡情說話,
而是他們代替他說了許多不利於領會其哲學精神的話。進一步講,

要擴大符號的範圍來增強其再現力，就必須消除作者。論說無非是些疊壓式的檔案、紀念物或符號性蹤蹟。論說作為檔案，是由非理性人自己的身份和生存決定的。傅科用論說代替語言，其目的便是為此。至此，我們終於發現了傅科修改《診所的誕生》的一些術語的真正理由和基本用意。哲學不再是思想（觀念）的哲學，而是語言（論說）的哲學；不再是思想者的哲學，而是論說者的哲學。不再是「我思故我在」，而是「我說我寫故我在」。

傅科關於性慾的論述可以說明這一點。性慾(sexualté)一詞出現在歐洲文化中具有多層涵義：一是它與上帝之死和本體論虛境相關聯，一是與一種沈默性思想相關聯，一是與語言問題相關聯。自薩德和「上帝死亡」以來，性慾登入了文學殿堂，進而成為色情文化的主題，語言也隨之色情化（奇異化或非理性化）。❽性慾這一基本主題的出現，標誌著哲學的對象從人作為勞動者轉向人作為言說者，此言說者專講非理性對象（奇異現象）；從此，隸屬於勞動和知識的哲學終結了，而從屬於語言（論說）的哲學產生了，關於奇異現象（非理性領域）的論說體系成了哲學的基本形式。據此，我們可以這樣說，性慾變作語言遊戲棋盤上的棋子。文學家描述色情，哲學家闡述色情，成為時尚，這是歐洲現代文化的重要事件。

傅科試圖要證實這樣一個假說：非理性領域既然確實存在著，就應該被納入「思」的議題，並作為問題提出來，這個問題顯然有待解答。他對非理性領域的哲學思考，是為了消除人們長期以來對

---

❽ Michel Foucault, "Préface à la Transgression"（〈違犯緒論〉）(*Critique, No. 195–196: Hommage à G. Bataille,* août-septembre 1963), in Foucault, *Dits et Ecrits 1954–1988* (tome I)（《說與寫 1954–1988》第 1 卷），1994, Paris: Editions Gallimard, p. 248。

非理性領域產生的迷惑。這種思考是理性、認真、自覺的。因此，我們不能斷定傅科是非理性主義者。傅科的全部工作就是要把我們的思考從理性領域引向非理性領域這片新天地。這是需要澄清的。

傅科心中的魯塞爾形象不同於雅內(Pierre Janet, 1859–1947)、布雷東(André Breton, 1896–1966)、萊利(Michel Leiris, 1901–　)論說中的魯塞爾形象。法國神經學家、精神病學家和心理學家雅內眼中的魯塞爾，是個狂人或「可憐的小病人(pauvre petit malade)」。❾ 魯塞爾心焦神恍，成為精神病學的對象或醫學的對象。他的非理性生活在其文學作品中化為可笑的文字遊戲。在超現實主義作家布雷東筆下，魯塞爾不再是狂人病人，而是位魔法師或想像家或文學大師。作家兼人種學家萊利認為魯塞爾是個純樸的人。傅科則斷定魯塞爾既不是病人，也不是想像家和質樸的人，而是文學上的兒童、花花公子、弄潮兒。這一斷定也適用於傅科本人，因為傅科與魯塞爾在思想與生活上有同工異曲之妙。魯塞爾在文學創作過程中拿自己的生命冒險，既支配了自己的生活又駕馭了文學。傅科把魯塞爾視為文學天才。

魯塞爾為我們開闢了新的離奇的文學語言空間，並在這個空間講述另一種事情（自己的非理性經驗或奇異經驗）。❿ 傅科在哲學領域冒著魯塞爾式的危險，使哲學語言具有離奇色彩。這種語言必須服從專門的遊戲規則。可以說，傅科是哲學上的魯塞爾。魯塞爾的奇異經驗也是傅科自己擁有的。在本書作者看來，傅科通過魯塞爾等文學家透露了自己的情感隱祕，從而塑起了自己的形象：他是奇

❾　Michel Foucault, *Raymond Roussel*（《雷蒙・魯塞爾》），1992, Paris: Editions Gallimard (foilo\essais), p. 195。

❿　見前引書，pp. 209–210。

異人（奇特哲人），　而不是尋常人，他具有奇特的智慧。這使他充
滿了做人為學的信心。傅科的文學哲學思想，起碼對他個人來說，
意義非同小可。

第六章　人文科學哲學

一、三大知識圖式

傅科在《詞與物》中提出了知識圖式(épistémè)❶這一相當重要

---

❶　épistémè 一詞作為專業用語早已正式收入法語字典 *Petit Robert*（《小羅貝爾》）中。該字典給出了它的語詞定義："Ensemble des connaissances réglées (conception du monde, sciences, philosophies...) propres à un groupe social, à une époque."（即一個社會團體與時代所特有且有規律的總體知識（世界觀念、科學、哲學等））傅科指出：「十六世紀的知識圖式處於其最一般的圖式之中。」(Michel Foucault, *Les Mots et les Choses*（《詞與物》）, 1966, Paris: Editions Gallimard, p. 45) 據此，本書作者把épistémè譯為最一般的知識圖式，簡稱「知識圖式」。知識圖式具有考古學特徵，即是作為檔案的知識，它無作者、無寫者、無聽者、無說者，不受任何限制。這種知識是純粹的知識，具有崇高性、至上性。任何以知識為手段達到個人目的的行為都是對知識的污染。épistémè 由傅科根據希臘文 epistêmê 構成。epistêmê 相當於拉丁文 scientia。可見，原義為科學或知識，柏拉圖在《理想國》中用 epistêmê 指理性知識（算學、幾何學、天文學與和聲學）；亞里斯多德用它來表達科學的多樣性或各種類型或等級（從詩學到實用科學到理論科學，從算學到幾何學，從光學到幾何學）。海德格則用此詞界定哲學

的概念。知識圖式在人文科學考古學中構成傅科主義的基礎，是《詞與物》的靈魂。不理解它，就不能澄清詞與物之間的全部祕密關係，因為傅科要揭示的正是關於知識圖式的歷史本質。在漢語中，épistémè有多種譯法，如知識型、知識範型、知識階、知識型態等。它是特定時代的確定知識的最高概括形式，是一種文化模式。我們把這個知識圖式稱作「傅科圖式」。

從《精神病與人格》(1954)到多卷本《性慾史》(1976–1984)，傅科研究了一系列主題，其中最重要的有三個方面：知識體系、權力形式、性倫理關係。這些方面充分體現了傅科的思想主流。這三大主題分別是知識考古學、權力系譜學和倫理系譜學的中心對象，分別構成認識的歷史本體論、權力的歷史本體論和性道德的歷史本體論。知識圖式是傅科知識體系的核心內容。

傅科圖式確定了一定時代的知識領域，奠定了科學或知識的基礎，是認識論範疇，規定了一定時代不同知識領域的可能性條件，具有歷時間斷性與共時連續性。根據不同歷史時期，傅科把知識圖

（哲學是真之學即真學）。1966年，傅科在《第歐根尼》(*Diogène*)雜誌（No. 53, 1月–3月號）發表了"La prose du monde"〈世界之景〉一文，論述了知識圖式概念；同年3月，*Les Mots et les Choses*《詞與物》出版；發表於《第歐根尼》的〈世界之景〉即《詞與物》的第二章，但略有差異，並且比《詞與物》先問世；因此，對讀者來說，傅科知識圖式最早出現在《第歐根尼》雜誌的〈世界之景〉一文中。其實這一區別並不是根本性的，再說，對傅科本人而言，這個概念早在64年左右就產生了。翻譯傅科的關鍵術語如épistémè等，應當十分謹慎，絕不可亂譯或誤譯。目前，中國學者翻譯歐洲學術術語，是不謹慎的，從而引起嚴重混亂。消除這一混亂的任務已經顯得相當困難。誤譯是誤解的開始和根源。

式分成三大絕對獨立的形式：文藝復興時代知識圖式、古典時代知識圖式和近現代知識圖式（包括後現代知識圖式）。　文藝復興時代知識圖式表明了詞與物之間的相似性；古典時代知識圖式表明了詞與物之間的代表性，建立了一個同一——差異體系；近現代知識圖式引入了歷史性和意義概念，人文科學及其對象「人」得以誕生。這三大知識圖式構成一個龐大的知識圖式網絡。從一個知識圖式到另一個知識圖式，存在著歷時間斷性（斷裂），　但在每一知識圖式內部又存在著共時連續性。歐洲文化至今發生了兩次大斷裂：第一次出現在文藝復興時代和古典時代之交，第二次產生於古典時代和近代之交。

　　傅科的知識圖式是知識的一種特殊秩序或圖表，不同於傳統意義上的「知識」。　它具有局部間性與深層次性。其局部間性表明，差別很大的知識間具有同一體形(configuration)，比如十七世紀的三大知識（財富分析、普通語法學和博物學），　都被傅科置於同一語言理論分析模式之下。其深層次性是處於認識論化邊緣的第三級科學史，即傅科自己提出的考古學史（比如知識圖式分析）；　第一級科學史是具有形式化水平的循環分析，只產生於科學性內部；第二級科學史是處於科學性邊緣的科學認識史。傅科宣稱考古學史遠離科學史的第一級和第二級，居於知識最深處，它具有歷史先天性，是一個時代知識的可能性條件。

　　在文藝復興時代，人的認識受到詞與物之間相似性關係的支配。傅科認為，這時的世界圖景具有相似性(ressemblance)，相似現象散布於整個時空。ressemblance在法語中有相像、相似、相似處、外表、模樣等意思。相似通常有物理相似、運動相似、幾何相似、動力相似等等。物理相似指，在兩個物理現象間，如果對應點上同

類的物理量之間成常數比例，這兩個現象稱為相似。運動相似是，兩個物體流動時，其相應點的速度和流動軌蹟均成一定的比例。幾何相似是，兩個物體的邊緣各部分尺寸都成一定比例。動力相似指，在兩個系統中，作用於相應點上的力都有一定比例。總之，兩個現象之間的相似必須遵守相似原則。

「詞」與「物」相似是什麼含義呢？所謂「詞與物相似」就是詞作為符號和物作為存在之間有一定的契合性(convenientia)、仿效性(aemulatio)、類比性(analogie)和交感性(sympathie)，這很容易使人們誤以為詞就是物，物就是詞。人在相似性關係的支配下，很容易將詞與物混為一談，這樣，無論是詞還是物，都失去了獨立性，都需要破解，由此而產生的思維必不發達。思維就是猜謎，而不是觀察和證明。因此，必須清除詞與物之間的相似性，重新確立符號的能指和所指之間的真實關係。❷擺脫詞物相似性的任務落到了古典知識的建立者肩上。

到了古典時代，具有猜謎特點的詞與物相似關係破裂了，人的思維或認識具有新的意義。相似性退場，代表性出場。退場與出場，形成人文科學考古學層面的第一次大斷裂，這是由知識內部的突變引起的。退場與出場之間不存在內在的連續性，而具有突變而偶然的間斷性。與相似性突然退場一樣，代表性突然而生，亦將突然而去。

représentation一詞來自拉丁語詞reproesentatio，在法文中，有再次出示、表現、描繪、描述、藝術品、復現表象、代表等含義。在萊布尼茨(Wilhelm Gottfried Leibniz, 1646–1716)看來，repré-

---

❷　參見Michel Foucault, *Les Mots et les Choses*《詞與物》，1966, Paris: Editions Gallimard, p. 48。

sentation是復現人或物的行為。雷諾維葉(Charles Renouvier, 1815–
1903)認為，représentation出現在思想或精神裡，並構成思維活動的
具體內容。傅科認為，古典知識以代表性為特徵。代表性把詞與物
區分開了，是該時代論說的靈魂和基礎。

　　由於代表性起作用，因此詞與物相互獨立。它們之間的關係既
相統一又相區別。詞與物相統一，是由於詞可以代表物，是物的重
現、描述或再認。它們相互區別，是由於詞是物的代表或再次出示，
僅僅如此而已，只是物的影子；是由於詞擺脫了外物的約束，有了
自身的理解，不是物本身；是由於詞是對物的抽象，僅是可發音的
符號和思想的外殼；是由於詞代表的物和外物自身都有了自己的理
解。如果將詞與物完全等同起來，就會掉進相似性的陷坑。

　　塞萬提斯筆下的唐吉訶德便把書中想像之事完全當作實際的
事，被束縛在相似之中。在傅科看來，唐吉訶德並不是病人，也不
是精神失常的人，而是一個愚者，一個悲觀的崇拜相似性的英雄。
因而，他用騎士行俠的態度去行公道、光榮和愛。結果在現實生活
中處處碰釘子。唐吉訶德過分強調書中所言必真，只看到詞與物的
一致性，沒弄清其差別。碰壁之後，最終發現生活並非書中所言，
被語言、文字或檔案嘲弄，不得不醒悟。唐吉訶德在所指和能指、
現實和書或物和詞之間屢次冒險之後，開始懷疑知識的真理性、反
對語言的迷惑性，進而發現語言只具有代表作用，書中的東西原來
並不都是真的，並不等於現象。在傅科的知識考古學探測下，唐吉
訶德是從文藝復興時代知識突然轉向古典知識的過渡性人物，具有
同一和差異二重性。❸

　　傅科對西班牙末等貴族畫家委拉斯開茲的繪畫「宮廷侍女」

---

❸　見前引書，p. 63。

(Ménines)所做的闡釋，也頗有獨到之處。在主體考古學意義上，這幅畫中有兩個中心：一個是公主瑪格麗特－瑪麗構成的中心，另一個中心是鏡中的國王菲力普和王后瑪麗安娜。前者可見，後者不可見。因為國王和王后占據著第二個中心，所以，看不見的中心控制並消除了第一個看得見的中心。然而，鏡子在畫中並不照映任何可見之物，只反映不可見之物。公主是模特兒，但不能占據神聖的位置，也不能成為繪畫的代表者，結果被繪畫嘲弄了。公主的重要性反而被映入鏡中的觀眾（國王和王后）取代。儘管鏡子在畫中並不很清晰、明顯，還是很快成了最主要的中心，因為國王和王后在鏡子裡。於是，國王和王后成了真正的代表物。繪畫代表國王和王后，不代表公主。但是，繪畫只是代表、符號或藝術品，只是現實的外形。國王和王后在畫中居於主要地位，消解別人的中心而擁有自己的中心；作為繪畫的代表者，他們的至上性只具有象徵意義；他們擺脫了現實，處於繪畫之外；繪畫只能保存他們的影子，無法讓他們的軀體永生，在死亡面前，統治者與凡人一樣可憐；同樣，其軀體處於代表、中心、書和歷史學之外。與可見的中心一樣，代表之物和不可見的中心已經消失。因此，代表、中心、書和歷史學受到嚴重威脅。

　　通過對「宮廷侍女」的分析，傅科發現了看得見的東西與看不見的東西之間的內在關係，認為代表性是有限的。他進一步揭示了古典知識的代表特徵，用文字寫成的書或論說檔案與現實本身有天壤之別。這個時代的知識仍然不能揭示世界的真理，思維與存在的真正關係是什麼？還是一個難題。十七世紀三大知識（博物學、財富分析、普通語法學）還稱不上精確的科學。博物學是研究活物的學問，描述活物的自然史，包括動物學、植物學、礦物學和生理學

等。財富分析研究具有使用價值的物質資料，勞動是財富的源泉，必須和勞動資料、勞動對象和土地相結合才能創造出財富。普通語法學探討人類語言的一般語法規律，主要內容有語言的本質、起源和發展。由於古典時代的知識具有明顯的代表性，古典語言擁有代表物的秩序的特殊功能，因此，運用這種語言分析活物、財富和語言，建立起來的論說檔案必然具有代表性，無法科學地認識和反映客觀現實。

古典時代的認識功能在於解釋現實世界的秩序，人為地描述先存的自然秩序。思想家建立了一種人工語言，以安排符號的約定秩序，並不為這一秩序賦予意義。這無非表明古典時代還沒有創立意義理論。這時的人只對世界加以解釋，而不創造，人的思維活動還不是意義的先驗之源。如果考問我思的本質，懷疑知識，就應當滿足於最簡單的答案，只需獲得明晰的概念便解決問題。於是，我思與我在建立了聯繫，其中，我思起著決定作用。我思與我在之間的這種關係，早在預料之中，並已經確定。由於語言或論說具有代表作用，我思與我在才得以結合在一起。但是，古典語言拋棄了關於人的科學研究。傅科說：「在歐洲文化中，一旦使用了這種語言表達思想，對存在自身加以討論是不可能的，因為代表和存在共居於語言之中。」❹我思在這種語言中找不到它應有的位置。

代表性打破了詞與物或我思與我在的相似性關係，從而建立了語言的能指和所指之間的新關係：它們既相區別又相聯繫。這裡的關鍵問題在於比較物的大小和秩序。認識不再是猜謎，而是分析事物的秩序或知識的代表作用。秩序和作用確定了古典論說檔案的最一般形式。古典知識的一般形式以數學 (mathesis) 和生物分類學

---

❹　見前引書，p. 322。

(taxinomia)為代表。數學研究度量和次序，生物分類學分析種類和綱目。這是笛卡兒和林奈(Carl von Linné, 1707–1778)時代的科學精神。數學和生物分類學的產生標誌著認識從相似性發展到了代表性。從知識考古學觀點看，雖然數學和分類學之間存在著差異，但並不相互矛盾，它們都是探求真理的科學，有著相同的考古學外形。

傅科發現，古典時代的符號論既是科學又是哲學。到十八世紀末，知識產生了一種新的差異，數學成為本體論，至今還影響著形式科學的發展。在從施萊爾馬赫 (Friedrich Schleiermacher, 1768–1834)、尼采和弗洛伊德的解釋學中，歷史學和符號學又一次相遇。❺數學（如代數）研究自然的簡單秩序，分類學探討自然的複雜秩序。符號學是關於複雜秩序的代數，代數則用符號裝扮簡單秩序，這就是說，符號學既研究複雜秩序又研究簡單秩序，代數只研究簡單秩序。可見，代數是廣義符號學的一個分支。

然而，在古典時代，這種具有一般形式的科學還是最簡單的形式，只是科學知識的最初形式。雖然古典文化擺脫了相似性的約束，但是往往陷入代表性想像之中。想像容易產生幻想、虛構和謊言，進而粉飾和歪曲現實世界，與理性、真實性和真理相悖，與科學認識的要求不相符合。

在文藝復興時代，詞與物相連，中介是相似性。認識世界就是猜謎，從而發現詞與物的相似關係。在古典時代，詞與物分離，因為語言的代表性出現了，認識世界就是尋找詞的代表性功能。誕生於古典時代的博物學、財富分析和普通語法學，都服從代表性原則；但在古典時代，知識體系裡還存在一個巨大的荒原——生物學、政治經濟學和語史學都沒有產生。直至十九世紀，生物學、政治經濟

---

❺　見前引書, pp. 88–89。

學和語史學在這個荒原上誕生了。認識世界就是破解生命、勞動、語言等人類經驗所掩蓋的意義系統。古典知識消退，近代知識建立，標誌著現代性的開端。歐洲文化發生了第二次大斷裂。

從詞與物的相似性，經代表性再到意義聯繫，表明詞與物之間的關係在不斷發生變化，從一種關係轉換到另一種關係。但從知識考古學的觀點看，它們之間沒有繼承關係，突然而生又突然而滅。signification一詞在法語裡有意義、意味、意思、含義、語言符號的發音和涵義之間的關係等含義。詞與物之間的意義聯繫把詞的能指和所指結合起來，表明了它們之間的再次結合。詞象徵或指稱事物、對象和關係。在相似性支配下，科學沒有產生的可能性，因為詞與物雜處，人類思維還沒有純化，還淹沒於物的深處，認識是猜謎活動，不可能有高級的理性認識。在代表性支配下，也不可能有科學的認識，因為詞只是物的代表，詞在物的外部，詞物分離。詞是空靈的，言非所指，認識落不到實處。在意義聯繫建立之後，詞與物恢復了實在的關係。一個字、一個詞、一本書、一門知識有意義，有所指，儘量與現實世界相吻合。

詞與物的這次結合，不是文藝復興時代相似性關係的簡單重複，也不是相似性和代表性在知識內部關係上的承續，而是偶然來到，毫無準備。不過近代的意義聯繫階段是一個產生科學的時代。人類思維高度發展，詞與物的意義聯繫取代了詞與物的代表關係。科學迎來了燦爛的曙光，但晚到十九世紀才出現，至今還不到兩個世紀。語言的代表功能終結了，同時留下了一個荒原。雖然人已有漫長的生命史，但此時才在這個荒原上出現，也才成為認識的對象。於是，關於人的科學才得以建立。原來自蘇格拉底（Socrate，前469-前399）和亞里斯多德（Aristote，前384-前322）時代起開始討論

的人，竟是一項最近的「發現」，而且並不是一件珍品。因為長期
以來被誤認為是一件珍品的人來自於知識內部的突變，只是突變性
知識沈積深處的簡單褶皺或暫時性產物，所以，人類知識再次發生
突變時，人將被徹底拋棄。人的這種悲劇，正是知識考古學的偉大
發現。

　　十八世紀末、十九世紀初，生物學取代博物學，開始討論生命
及其功能和規範，而不再分析活物，生命真正成為生物學的對象；
政治經濟學代替財富分析，開始研究財富的生產和分配及其鬥爭和
規則，不再闡述財富，勞動真正成為政治經濟學的對象；語史學取
替普通語法學，開始闡釋具有文本意義的語言及其意指和系統，語
言真正成為語史學的對象。生命、勞動和語言成了科學的主題。但
是，居維葉的生物學是否真正揭示了生命的本質，有待考問，李嘉
圖的政治經濟學也不是科學，葆樸的語史學有待整改。關於人的三
大經驗（生命、勞動和語言）的知識都發生了困難。傅科否定古典
知識和近代知識之間的繼承關係，強調它們之間的中斷性，從而指
出了歐洲文化的第二次大斷裂。

　　生物學、政治經濟學和語史學都是歷史學，因為它們作為文化
材料或文獻載入了歷史學。歐洲傳統思想史認為，生物學、政治經
濟學和語史學是知識、真理和思想形式，進而構成具有內在連續性
的知識史、思想史和真理史。然而從傅科考古學觀點看，這是歷史
學的錯誤，歷史學把生物學、政治經濟學和語史學誤為知識、真理
和思想形式，並且十分武斷地使它們成為其必然對象。傅科認為，
傳統思想史本應是具有內在的間斷性的觀點史、錯誤史和心理類型
史，應當是論說檔案或紀念品。知識考古學的目的和任務正在於糾
正歷史學的錯誤。糾正的辦法是將歷史學文獻歸還給知識考古學而

成為檔案或紀念品，批判和分析歷史學的誤解或武斷，指出其偽裝的知識性、思想性和真理性，重新解釋歷史學並對它進行徹底解構。正如傅科所言：「歷史學證明，人們思考過的一切，還將被未曾出現過的思想重新思考。」❻這一思想正是他努力建立的知識考古學。傅科為自己的考古學提出了兩大任務:確定傳統思想史產生的方式，證明其在何種程度上根本有別於嚴格意義上的科學。❼結果表明，傳統思想史成了問題，生物學、政治經濟學和語史學必然成問題。它們都不是嚴格意義上的科學。

　　只有對傳統思想史進行考古學審查，才能揭示人類認識的真正本質和全部祕密，從而挖掘出傳統思想史曾如此出現和存在的基礎和理由，知識考古學在哲學方法論上更為根本，在任務上更具有基礎性。可見，傅科對很有權威地位的人類中心論乃至整個歐洲文化有著強烈的批判意識，明確指出了歐洲文化的深刻危機。這大大動搖了歐洲傳統哲學的基石。

　　在傅科哲學中，知識圖式不是一種隱蔽的偉大理論，而是一個分散性知識空間、開放的可描述的關係域；它不是與一切科學門類相一致的歷史時期，而是同時進行的特殊的暫時性遊戲；它不是對理性知識的總階段的表示與把握，而是體現相繼變化的複雜關係。一切現象或事物都處於知識圖式的內部，構成科學的可能對象域。雖然傅科與康德一樣又一次分析了人類認識的局限性，回答了一個相同的問題：「何謂人?」，這種分析具有康德風格，然而，他們之間存在著很大的區別:傅科的知識圖式與康德的範疇體系毫無關係。知識圖式是指某一特定時代科學的不同領域間的種種關係或秩序，

---

❻　見前引書，p. 383。

❼　見前引書，p. 377。

是選擇考古對象的策略性設置方案或部署計畫；而範疇體系是知性先天概念或原則，分為四類：量範疇、質範疇、關係範疇和樣式範疇。❽因為傅科拒斥主體與思想者之間的先驗一致性，他並不是康德主義者、笛卡兒主義者、胡塞爾主義者。❾

　　很明顯，知識圖式不是傳統思想史的對象，而是人文科學考古哲學的主題。人文科學考古哲學是知識考古學的一個分支。因此，對知識圖式的考察，必須服從知識考古學。知識圖式在傅科思想中占有極其重要的地位，給歐洲文化蒙上了一層迷霧，成了人學和人的陷坑，具有巨大的顛覆力量，結束了結構主義思潮的黃金時代。

　　《知識考古學》中「歷史先天性」與「檔案」的出現不能被簡單理解為取代了《詞與物》的「知識圖式」。因為知識圖式是一種分析策略、一個括號，有待填充、占用和具體化，所有適當的術語都可填入。因此，我們應當將「歷史先天性」與「檔案」理解為知識圖式的具體化，而比知識圖式更抽象的是論說。論說是知識考古學術語的總名（共名）或總圖式，擴展了知識圖式的領域或空間。檔案、知識圖式與論說之間可以互相轉化。論說形成和陳述知識。論說將傅科思路引向了實踐領域，因此出現了論說實踐。論說實踐是一種理論實踐或精神生產，或者說，是知識實踐、知識活動或實踐理性。檔案和知識圖式都是論說（或論說實踐）的產物，是具體的論說類型（論說圖式）。在傅科看來，人文科學哲學描述了學科間、區域間的各種論說型（主要體現為知識圖式），分析了論說的

❽ 參見Michel Foucault, "Les Problèmes de la Culture"（〈文化問題〉），in Foucault, *Dits et Ecrits 1954–1988* (tome II)（《說與寫 1954–1988》第2卷），1994, Paris: Editions Gallimard, p. 371。

❾ 見前引書，pp. 372–373。

歷史。

　　傅科的知識圖式具有間斷性或斷裂性。間斷性概念是個重要的
操作性概念。在中文裡，「間」、「斷」、「裂」同義，都有「間隔」、
「斷絕」、「裂口」、「坼破」、「斷裂」等意。傅科在考察人文科學時，
發現了歐洲人文知識史上的兩次大斷裂：第一次發生在十七世紀中
葉，標誌著古典時代的開始；第二次產生於十九世紀初，標誌著近
代的開端。❿就知識圖式言，第一次大斷裂即文藝復興時代知識圖
式與古典時代知識圖式間的間斷，第二次大斷裂即古典時代知識圖
式與近現代知識圖式間的間斷。

　　間斷性這一概念使傅科分析知識圖式成為可能。評論界因此而
對傅科產生誤解，認為傅科宣告了歷史的間斷性。傅科對此非常反
感。然而，傅科自己卻要做的是揭示從一個知識圖式到另一個知識
圖式存在著間斷性，從而證明兩個具有間斷性的知識圖式間是如何
過渡的。這種過渡標明知識圖式間存在著一條中繼線，要以轉換為
基礎，間斷性將不同的知識圖式區別開來。知識圖式間的轉換是間
斷性的轉換，而不是連續性的轉換。這正是傅科與傳統哲學家和思
想史學家不同之處，也正是在這一層意義上，我們認為，傅科是反
歷史的歷史學家（新歷史學家或考古學家）。 傳統思想史學家尋找
到的是一系列連續性（因果關係、循環決定等）， 而間斷性（非連
續性）成為障礙。傳統史家必須越過這一障礙，傅科也必須越過傳
統史學的「連續性」， 才能發現知識圖式的間斷性、裂口、開端、
有限和轉換。

　　間斷性是傳統史學失敗的象徵，卻是傅科人文科學哲學的論說

---

❿　參見Michel Foucault, *Les Mots et les Choses*（《詞與物》）, 1966, Paris:
　　Editions Gallimard, p. 13。

對象。間斷性概念，是傅科得以對傳統歷史學特別是歐洲人文科學史作改造性理解的決定性依據，決定了傅科哲學的未來方向。考古學和系譜學較好地實現了改造傳統歷史學的任務。我國傅科研究者對這一概念重視不夠。間斷性比知識圖式更根本，因為它是知識圖式的根本特徵。知識圖式之所以為知識圖式，正是因為它具有間斷性。以間斷性為出發點挖掘知識圖式的其他「地質學」和「地理學」特徵。總之，傅科欲同傳統決裂，放棄已經思過的事情，獻身於未生之思。

二、人文科學問題

　　傅科對法國人文科學哲學作出了貢獻，他對自近代以降的人文科學的潛在問題進行了總體解釋。從康德到傅科，經歷了黑格爾、新康德主義、生命哲學、胡塞爾、海德格等哲學思潮。傅科的考古主義與系譜主義正是在這些思潮基礎上誕生的。這說明，傅科的人學哲學有著深厚的學理淵源和學術脈絡。康德批判笛卡兒的「我思故我在」，使「思想」和「存在」之間失去內在聯繫，但卻不夠徹底。雖然「思想」不在於「存在」之中，但是仍保留了「思想」與「存在」的統一性。這是康德的理論矛盾。「思想（主體或人）」空洞而有限。「何謂人(Was ist der Mensch)?」 ❶ 這一問題，康德並沒有從根本上解決。傅科正是在這裡敏銳地發現了康德的困惑（這得益於他早年對康德人類學的評注），從而將康德知識學和表象論作為知識考古學的層面或出發點，試圖進一步回答「何謂人?」 這一問題。對這個問題的回答構成傅科人文科學哲學的特點或中心。從近

❶　E. Kant, *Logik*（《邏輯學》）(Werke, éd. Cassirer, T. VIII, p. 343)。

代到現代甚至後現代，歐洲哲學都以這一問題為中心展開討論。

我們在傅科《詞與物》序言裡讀到：

> 用樸素的眼光看，人類認識始於人。自蘇格拉底以來，研究
> 得最久的人原來竟是存在於事物秩序中的一塊碎片，無論怎
> 樣，人的這一形象，是最新的知識布局產生的……人僅僅是
> 最近的發明物，它的誕生還不足兩個世紀，是我們知識裡一
> 個簡單的褶皺，隨著新的知識形式的出現，即將消亡。 ⓬

這個結論是傅科的思想歸依。人作為知識的對象，還是十八世
紀末、十九世紀初的事情，是個陌生人。明確而言，歐洲文化中的
「人」是一件最近的、暫時的發明物，這實際上宣布了「人的死
亡」。「人的死亡」標明了人的「無意識」、「不思」、「有限」、「機
遇」、「挑戰」、「哲學理性的失敗」。人不是一直存在的，在將來也
不會一直存在下去。人的形象是其力量關係構成的總和。古典思想
家思索「無限」問題。人的力量與無限高貴的力量相關。既然人是
有限的，這些高貴的力量便源自外部。

在古典時代，尚無生物學，而有博物學，探索「活物」的特徵；
尚無語史學，而有語法學，研究「語言」的根源；也尚無政治經濟
學，而有財富分析，闡述「財富」的本質。在傅科看來，博物學、
語法學和財富分析構成古典思想的基石。在這個時代，人只能作為
一個「活物」進入思想史。到了十九世紀，由於生物學、語史學和
政治經濟學誕生了，人的力量又與新的外部力量發生聯繫。這些外

⓬　Michel Foucault, *Les Mots et les Choses*（《詞與物》）, 1966, Paris: Editions Gallimard, p. 15。

部力量即生命、語言與勞動。語言是事物（生命、勞動）的另一種存在形式，是一種告別方式，即告別事物域走向精神域。語言肯定了人的物質性死亡，肯定了人的精神性誕生。語言與現實本就是兩種物，一味求同是徒勞的。人在現實（物質域）裡無法完成的事業，可求助於語言在精神界裡繼續工作。語言承受的是精神的重負。生命、語言和勞動是有限的，也是人的「有限性」的根源，甚至成為有限性的代表，具體地說，死亡潛藏於生命中，口吃或失語存在於語言中，痛苦和疲勞產生於勞動中。「人力」的有限就是人本身的有限。人的有限性構成人的形象，這說明人有末日、有死期。

在使人充實起來的道路上，海德格的此在（Dasein，即從前存在者或歷史的存在者），把人從邏輯學中解放出來而使之進入歷史學之中。海德格超越了康德、黑格爾甚至胡塞爾。海德格無疑是歷史主義思潮的末代人物。傅科的一切努力也在於讓人充實起來。他用經驗來充實，為人找到了三大經驗：勞動、生命和語言，並以它們為中心挖掘出一系列精神紀念物（知識文物）：有限、死亡、間斷性、歷史性、檔案、原級性、基礎性、歷史先天性、知識圖式等等，還發現了人的三個雙重形象（經驗與先驗、思與不思、起源的衰退與復還）。傅科考古學意在將邏輯學的「符號學意義」和歷史學的「現象學意義」還原為「原級性」、「始基性」或「歷史先天性」。傅科提出「人的雙重形象」，使歐洲人文哲學對人的理解從「邏輯的人」和「歷史的人」轉到了「考古的人」。考古的人是真正實在而有限的人，即狂人、病人、情感人，也是傅科在《詞與物》中研究的雙重人。雙重人是勞動主體（勞動者）、生命主體（生存者）、語言主體（言說者）。在歐洲哲學領域，傅科為人恢復了勞動權、生存權與言說權。應當說，這樣的人是相當充實的。傅科對歐洲人

文科學進行考古哲學分析時，注意力轉向了勞動、生命和語言，並
且以十九世紀的勞動、生命和語言為重心展開論述。

雖然傅科發現的經驗使人充實起來了，但是把人分割為碎片或
知識褶皺品，打破了人自身的歷史性，因為這一經驗不是統一的，
而是彼此獨立的。人原來是個經不起撕裂的動物。生命、勞動和語
言分別成為不同知識領域的對象。勞動成為政治經濟學的對象，從
而建立起社會學；生命是生物學的對象，心理學、精神分析學及生
命哲學因此而誕生；語言為語史學的對象，文學和神話學得以出現。
人也自然被分散到這些相異的人文科學領域（社會學、心理學—精
神分析學—生命哲學、文學—神話學）。⑬人的中心地位及其人學當
然出現了嚴重問題。傅科把人看作碎片和三個雙重形象，這個基點
使傅科能夠明確反對歐洲人文主義（人本主義、人類中心論），　進
而批判了當時十分盛行的結構主義思潮。這意味著歐洲人文主義的
完結，傅科是歐洲反人文主義的最後一位大師。

傅科動搖了歐洲人文主義的根基，摧毀了哲學的主體，懷疑主
體，因此，傅科並不是主體主義者，而是當代反主體反中心的先驅。
在傅科哲學中，人是客體（知識對象、權力對象、倫理對象），　而
不是主體（知識主體、權力主體、倫理主體）。　主體與客體決定著
人的不同地位。傅科把作為主體的人降格為作為對象的人，將人的
主體性分析變成人的對象性分析。傅科哲學正是在反主體的鬥爭中
得到昇華的。

在傅科看來，人文主義（或人道主義）與歐洲文化的偉大復興

---

⑬　在《詞與物》中，傅科專章論述了人文科學（人學）問題。參見Michel
　　Foucault, *Les Mots et les Choses*（《詞與物》），1966, Paris: Editions
　　Gallimard, pp. 355–398。

相關，是一個相當古老的概念，可追溯到蒙田時代甚至更遠。它是歐洲思想史上恆常的主題，並且成了區別歐洲文化和其他文化（東方文化、伊斯蘭文化）的依據。到了十九世紀，文學的地位發生了變化，突顯於人文主義與形式主義之間。人文主義是解決如下問題的一種手段：人與世界的關係問題、現實問題、藝術創造問題、幸福問題等。傅科研究人文主義之目的是拯救人，重新發現人。這既是一個理論問題，又是一個實踐問題。傅科試圖使我們最終擺脫人文主義。因此，在這個意義上，研究人學具有濃厚的政治色彩，甚至成為一項政治任務。人文主義遠離現實世界（科技世界），因而抽象難懂。這促使傅科反對人文主義。人文主義者往往以人的名義來談論人的痛苦。在傅科時代不乏其人，比如沙特，他的存在主義就是一種人文主義（人道主義），認為我們的思想、生活、生存方式屬於同一個系統，志在重現科技世界。人的心靈（本性）是抽象的，現實世界則是具體的。人文主義不僅不存在於其他民族文化中，而且在歐洲文化中也只是夢幻泡影。

　　歐洲人在接受中等教育的過程中，逐漸懂得十六世紀是人文主義時代。古典文化豐富和發展了有關人性的主題，到了十八世紀，才出現實證科學（生物學、心理學、社會學），歐洲人終於可以對人進行實證、科學與理性研究。雖然人文主義對歐洲文化的進步起過巨大的推動作用，但傅科認為，在十九世紀之前，這只不過是一個「文化理想國」罷了。真正的人文主義運動始於十九世紀末；透視十六到十八世紀的歐洲文化，我們發現，人並沒有地位；上帝、世界、物物相似、空間法則、身體、激情、想像等充斥了整個思想領域。人自身總是缺席的。❿

❿　參見 Michel Foucault, "L'homme est-il mort?" (〈人死了嗎?〉), in

　　傅科對人學的哲學分析，意在指出人在十八世紀末、十九世紀初由何種碎片組裝而成，揭示人的現代性（現代特色）。 人的存在成為可能知識的對象，當代人文主義對道德主題進行了充分討論。在傅科看來，專家政治論者都是人文主義者，專家統治或技術統治是一種人文主義形式。近代人文主義在區別知識與權力時，走錯了路。知識與權力是封閉的。沒有知識，權力不可能表現出來，知識不產生權力，也是不可想像的。**⑮**傅科還嚴格區分了啟蒙運動和人文主義。啟蒙運動是複雜歷史過程中所發生的事件總體，這些事件處於歐洲社會發展的某個時期；而人文主義與之完全不同，它是歐洲社會裡反覆出現的主題，這些主題與價值判斷相關，在不同時期有著不同的內容。**⑯**人文主義用來美化和解釋「人」這一概念。關於人的思想在今天越來越規範和明顯。

　　人文主義雖不是普遍的，卻與特殊環境密切聯繫在一起。許多思想流派都打著人文主義（人道主義）的旗幟，如自由主義人道主義、納粹人道主義、天主教人道主義。這並不意味著我們應當拋棄「人權」和「自由」， 而是指不可能把「人權」或「自由」限制在一定範圍內。

　　　　Foucault, *Dits et Ecrits 1954–1988* (tome I) 《說與寫1954–1988》第1卷）， 1994, Paris: Editions Gallimard, p. 540。

⑮　參見 Michel Foucault, "Entretien sur la Prison: le livre et sa méthode"（〈關於監獄的對話：書及其方法〉）, in Foucault, *Dits et Ecrits 1954–1988* (tome II) 《說與寫1954–1988》第2卷）， 1994, Paris: Editions Gallimard, p. 752。

⑯　參見Michel Foucault, "Qu'est-ce que les Lumières?"（〈何謂啟蒙?〉）, in Foucault, *Dits et Ecrits 1954–1988* (tome IV) 《說與寫 1954–1988》第4卷）， 1994, Paris: Editions Gallimard, pp. 572–573。

　　人文科學，即關於人的科學。人文科學同時也是人及其人的存在的解放，但人的經驗沒有得到特殊榮譽，而面對的是死亡絕境。**⓱**人的出現是建立人文科學的可能性條件。人文科學並沒有發現「人」——人的真相、本性、出生及命運。關於人的思想在十九世紀起著主導作用，猶如上帝觀念在十九世紀前的數百年間占據歐洲文化的中心地位一樣。自十九世紀以來，人學（如心理學）與哲學混在一起。在歐洲思想史上，哲學盲目而徒勞地控制了某一領域（如靈魂或思想），這個領域就是人文科學需要清楚而實證地探索的對象。人學的追隨者們認為哲學自身的任務是因希臘思想而提出的，這一任務現在又與人文科學研究手段一起再次提出來。傅科指出，分析事物的方法與實證哲學密切相關。**⓲**到了十九世紀，人類學成為可能，關於人類有限性的哲學問題存在於人類學之中。哲學是一種文化模式，在這一模式內部，一切人文科學都是可能的。

　　在傅科考古學探測下，探索生命的生物學既不是科學，又不是人文科學；同樣，研究勞動的政治經濟學和討論語言的語史學既不是科學，也不是人文科學；於是，人文科學被排斥在知識三面體之外。這個三面體由如下三個方面構成：一是數學和物理學，一是生物學、政治經濟學和語史學，一是關於前兩個方面的形而上學沈思即哲學反思。**⓳**這個三面體決定了人文科學的考古學外形，其中，

⓱　Michel Foucault, "Michel Foucault, Les Mots et les Choses"（〈米歇爾・傅科，「詞與物」〉）, in Foucault, *Dits et Ecrits 1954–1988* (tome I)（《說與寫1954–1988》第1卷）, 1994, Paris: Editions Gallimard, p. 502。

⓲　Michel Foucault, "Philosophie et Psychologie"（〈哲學與心理學〉）, in Foucault, *Dits et Ecrits 1954–1988* (tome I)（《說與寫1954–1988》第1卷）, 1994, Paris: Editions Gallimard, p. 439。

生物學、政治經濟學和語史學只是把它們的模式或方法轉讓給人文科學。這樣，人文科學僅僅處於這個知識三面體的空隙裡。

什麼是人文科學？在傅科考古學層面上，人文科學有哪些？有別於神學的人文科學，我們可追溯到人文主義和巴斯噶時代，經過孔德(Auguste Comte, 1798–1857)、馬克思、邊沁(Jeremy Bentham, 1748–1832)到斯賓塞(Herbert Spencer, 1820–1903)，已有一定的基礎和規模。在法國，1942年，狄爾泰(Wilhelm Dilthey, 1833–1911)的*Geisteswissenchaften*（《精神科學》）一書譯成法文時，其標題譯作 *Introduction à l'Etude des Sciences Humaines*（《人文科學研究導言》）。從此，Sciences Humaines（人文科學）這一術語被用來稱謂「心理學」和「社會學」，取代了舊名稱「精神科學」。在當代法國思想界，人文科學認識論主要有兩大派。一是以列維－斯特勞斯為代表的一派，他們把人文科學和社會科學區別開；一是以傅科為代表的一派，他們研究人的暫時性形象。在列維－斯特勞斯看來，人文科學和社會科學都不是嚴格意義上的科學，皆已毀滅。傅科則認為，人文科學並不是以「科學地研究人」為先決條件的。

在傅科主義的定義中，到了十九世紀才誕生的心理學、社會學、文學和神話學，才是關於人的科學（人文科學或人學）。它們是隨著生物學、政治經濟學和語史學的產生而產生的，建立於生命、勞動、語言等領域的先驗性突變過程中。人文科學終於找到了它們的出生地，這個出生地也是死亡之地。人在人文科學中找到了「家」，這個「家」同時是「墓地」。傅科在分析生物學、政治經濟學和語史學過程中，發現了生命的終結、經濟的烏托邦和語言的濫用，這

---

❾　參見Michel Foucault, *Les Mots et les Choses*（《詞與物》）, 1966, Paris: Editions Gallimard, pp. 355–359。

些東西交織在一起並構成了人的環境。具有功能和規範特點的生命、具有鬥爭和規則特點的勞動、具有意指和系統特點的語言，是人的三大經驗。人疲於生活，倦於勞動，困於言說。活著等死，勞動而饑餓，言說而又失語。生物學、政治經濟學和語史學被傅科作為人文科學的三個基礎與模式引入他的理論中。心理學的基礎是生物學，心理學從生物學那裡借來了生命的功能和規範概念，還有觀察和實驗方法。社會學的基礎是政治經濟學，社會學從政治經濟學那裡借用了勞動的鬥爭和規則概念。文學和神話學的基礎是語史學，文學和神話學從語史學那裡借用了語言的意義和系統概念。

　　傅科發明的知識三面體為人文科學找到了起源，又預示了它們的終結。人文科學將很快消亡，但尋找不到一個與之一致的新科學來接替。數學的精確思維方式和定量分析，並不普遍適用於人文科學的定性研究。任何要在人文科學中把數學定量化轉化為定性化分析，或者把定性分析轉化為定量分析的企圖，都會失敗。除數學和邏輯外，還有什麼學問比它們還精確嚴格呢？既然人文科學不能普遍使用數學和邏輯，其嚴格性或科學性顯然值得懷疑。儘管如此，人文科學還是極力向經驗科學（生物學、政治經濟學和語史學）借用模式和方法。只能這樣做，這是最好的辦法。於是，生物學、政治經濟學和語史學成了人文科學的分析模式，分別適用於心理學、社會學、文學和神話學。實際上，人文科學問題變成了生命、勞動、語言問題，因為傅科重在分析人文科學的經驗基礎。生命、勞動和語言正是這個經驗基礎。

　　心理學向生物學借用生命的功能和規範概念，以研究人的認識、情感、意志等心理活動和能力、性格等心理特徵的法則。社會學向政治經濟學借用勞動的鬥爭和規則概念，以分析社會現象及其

相互關係和準則。文學和神話學研究向語史學借來語言的意指和系統概念，以探索文學和神話現象的意義和系統。這些概念確立了人文科學的實證性外形。❷在生物學裡，功能是生命在生物體中的活動，規範是生命活動的法則。在政治經濟學裡，鬥爭是經濟現象間的對立，規則是經濟活動的準則。在語史學裡，意義或意指是語言的語詞和本文的指稱，系統是語言現象間的整體聯繫。但是功能和規範、鬥爭和規則、意義和系統等模式不僅僅被人文科學借用。

　　在傅科的知識三面體裡，沒有任何一面有人文科學的地盤。政治經濟學和語史學被排斥在人文科學之外，原因在於人文科學的對象不是勞動和語言。生物學更不是人文科學，只研究人的生命，而不探索人的精神。我們沒有揭示出人的本質，只找到了一些實證性經驗：生命、勞動和語言。這些實證性經驗還遠離人的本質。從傅科的考古學觀點看，人文科學並不處於政治經濟學和語史學內部，必然且不加考慮地把「人」作為自己的對象。實際上，人文科學始終在科學的邊緣研究「人」，人的本質研究總是處於科學的外部。換而言之，人文科學關於人的研究是非科學的。

　　傅科還保留了弗洛伊德精神分析學的「無意識」(inconscient)。「無意識」在弗洛伊德那裡處於心理過程的第一個層次上，第二個層次是「下意識」，第三個層次是「意識」。「無意識」是心理的深刻基礎，決定人的全部意識活動，實則指本能衝動。其意義在於本能衝動是一種死亡形式，慾望的完成就意味著人的自焚。傅科之所以欣賞弗氏的「無意識」概念，道理在此。傅科認為，意識應當被解構，人應當停留在科學的大門之外。

　　在古典時代，代表性在知識體系裡起著主導作用。規範、規則

❷　見前引書，pp. 368–369。

和系統等概念已經存在於代表性之中，但是，它們未能與意識發現聯繫。事實上，無意識是代表性的要求，這是人文科學無法在古典時代出現的原因。近代知識產生以後，人文科學出現了，但是一直不停地趨向無意識。近代知識為人文科學提供了出生日期和誕生地，但是人並沒成為其真正的特殊對象。在人文科學裡，「人的問題沒有處處出現，相反，在與無意識相聯繫的特殊領域裡，到處在分析規範、規則和能指總體，它們顯示了意識形成和意識內容的條件。人們完全在另一種情形下奢談『人文科學』，這純屬語言的濫用。」❷一切人文科學都有無意識觀念。人文科學擁有「科學」的美名，只不過是個意識形態的標籤，並不具有科學含義。它們研究的僅僅是作為生命主體、勞動主體和語言主體的個體的人們。可見，人文科學的對象不是「大寫的人(Homme)」，而是「小寫的人(homme)」。人文科學沒能發現人的本質。

　　在傅科看來，和精神分析一樣，雖然社會人類學在當代知識裡占據著重要地位，但是也不能發現人的本質，因為無意識在其中與詞的代表性和人的有限性分析密切相聯。既然社會人類學是關於無歷史的人的學說，實際上是反歷史的。它分析事物的靜態結構，而不分析歷史事件的連續性。它和精神分析一樣是非科學，當然無法以科學態度對待人的問題。傅科進一步指出，當代知識（比如結構主義）提出了淨化傳統經驗主義理性的艱巨任務，並把這一任務交給了形式語言。語言在生命、勞動和語言三大經驗中居於壟斷地位。正是這種居於壟斷地位的語言將精神分析和人類學引入我們的文化中。可是，「在語言的可靠而力所能及的範圍內，把語言的各種可能性作用擴展到極限的時候，所要發生的事情便是：人『完了』。人

---

❷　見前引書，p. 376。

在到達任何可能的言語的頂點時所到達的不是人自己的中心，而是
人的極限的邊緣：死神在這裡覬覦，思想在這裡幻滅，起源的許諾
在這裡被無限期地拖延。」❷ 很明顯，現代歐洲思想（包括結構主義
思潮）的產生，並不是一種好兆頭。

　　至於哲學人類學，它也沒能回答「何謂人?」 這一根本問題。
它一直處於昏睡之中。從康德到今日，人類學建立了自己的基本秩
序，具有自己的歷史。但它正在和歷史學發生分裂。「尼采發現了
人和上帝互相隸屬的交點，上帝死亡和人的死亡同義，超人的謊言
意味著人的死期在即……如果復還的發現恰是哲學的終結，那麼人
的死亡是哲學起點的復還。從今以後，我們再也不能在死人的廢墟
上思考。」❸ 傅科以尼采為師，在尼采宣布上帝的死亡之後宣布了人
的死亡。尼采的「上帝死亡」為超人留下了地盤，而傅科的「人的
死亡」鏟除了這塊地盤，把一切人（包括超人）統統置於死地。超
人不是別人，而是弒神者。超人完成弒神的使命時，將自取滅亡。
在這個意義上說，上帝死亡意味著人的死亡。

　　在傅科考古學意義上，歷史學與人文科學的關係是相當陌生
的、不確定的。歷史學並沒把人統一在生命、勞動和語言的歷史性
中，反而把人置於生命、勞動和語言相互分裂的領域。人的整體形
象尚未能形成，人仍然是一堆雜亂無序的碎片。人被擠壓在知識堆
的底部。知識考古學只能發掘出各種殘缺不全的知識遺蹟，不可能
重建「大寫的人」的形象和新的人文科學。於是，人不可能在科學
知識中建構自己的中心。傅科承認這一事實並對發掘出來的論說檔
案、遺蹟或紀念物加以分析和審查，而不奢談科學地回答「何謂人?」

----

❷　見前引書，pp. 394–395。

❸　見前引書，p. 353。

這一難題，實際上，人沒有歷史，而且被歷史消解。「人的死亡」是歷史學的產物。在現代知識裡，作為主體的人和作為客體的人是一回事。人文科學都是些偽科學，並且根本就不是科學。一切人文科學都建立在人的有限性分析之上。人的有限性表現為實證性經驗：生命、勞動和語言。生命在走向終結，勞動使經濟成為烏托邦，語言日復一日地被濫用並把人引誘到極限的邊緣。人文科學實際上已經完結，這意味著人的滅亡。

傳科對人文科學進行考古學審查，實則變成了對人的生命、勞動和語言的考察，最終落到了「人」自己的頭上。換句話說，傳科所謂的人文科學考古學就是關於人的「生命」、「勞動」和「語言」的形而上學沈思。人之死與人文科學的終結直接相關。可見，尼采的「上帝死亡」意味著傳科的「人的死亡」，只是問題的一面；傳科的「人的死亡」是人在歐洲人學（如心理學—精神分析學、社會學—社會人類學、文學、神話學以及哲學人類學、歷史學）中的全面毀滅。在知識考古學意義上，傳科的「人的死亡」比尼采的「上帝死亡」深刻得多、徹底得多。傳科站在更高層次上全面顛覆了歐洲流行的「人文主義」、「人道主義」和「人文科學」。在批判歐洲傳統思想方面，傳科比尼采前進了一大步。

《詞與物》與《癲狂與非理性》有著不同的任務：前者描述的是事物間的相似、同一(identité)，是一部同之史(histoire du Même)，以建立知識的理性圖式；後者揭示的是事物間的差異(différence)，是一部異之史(histoire de l'Autre)，以構造知識的非理性圖式。可見，傳科的探索從「差異」轉向了「同一」。在同一考古學層面（言語蹤蹟水平）上，傳科論述實踐、制度和理論，尋求它們之間的一致性，試圖實現關於理論—活動的分析。傳科早在研究臨床醫學時就

十分注重方法論問題，閱讀了1780–1820年間的全部醫學著作（醫學知識檔案），這為考古學方法打下了基礎。考古學要求占有和分析一定時代的所有文字檔案，然後進行選擇。傅科考古學就是檔案學(science de l'archive)❷❹或寂靜紀念物之學(discipline des monuments muets)。❷❺紀念物是無聲的、無活動力的、死氣沈沈的文化蹤蹟。在《詞與物》中，這種檔案體現為人文知識檔案。傅科對人文科學進行哲學探索就是與十九世紀思想家展開論戰。他試圖弄清知識對象如何形成，某種論說類型如何發生作用，分析一個新的科學論說對象——人。

有了人，才有建立人文科學的可能性。人的有效價值本來就是一般哲學的主題。所謂「有效價值」是指，人作為可能科學（人的科學）的對象出現，同時也是一個存在，一切認識因此而成為可能。「因此，人，作為可能對象，屬於全部認識領域，它在本質上也是一切認識的起點。」❷❻

應當注意的是，《詞與物》這一書名具有反諷意味，即分析的重點並不是題目所明言——詞與物本身的問題（語義分析和事物分析），而是另一種任務：探討論說本身即詞與物之間的中間狀態——

---

❷❹　參見 Michel Foucault, "Michel Foucault, Les Mots et les Choses"（〈米歇爾・傅科，「詞與物」〉），in Foucault, *Dits et Ecrits 1954–1988* (tome I)（《說與寫 1954–1988》第 1 卷），1994, Paris: Editions Gallimard, p. 499。

❷❺　參見 Michel Foucault, *L'Archéologie du Savoir*（《知識考古學》），1969, Paris: Editions Gallimard, p. 15。

❷❻　Michel Foucault, "Qui êtes-vous, professeur Foucault?"（〈傅科教授，您是誰?〉），in Foucault, *Dits et Ecrits 1954–1988* (tome I)（《說與寫 1954–1988》第1卷），1994, Paris: Editions Gallimard, p. 608。

論說實踐。論說實踐正是事物的「秩序」或詞和物間的關係。從論說實踐出發，我們能夠確定何為物，標明詞的用途。㉗傅科進一步指出：

> 我們的任務，不是再把論說當作符號集合（即內容或描寫的意指要素），而是把它們當作系統地形成它們所談論的對象的實踐。當然，論說是由符號構成的；但它們所做的要比用這些符號指稱物來得更多。正是這個「更多」，使它們不可能被歸結為語言和言語。我們正是應當揭示和描述這個「更多」。㉘

可見，論說不再純粹是個符號系統，而成為一種實踐活動，或者說，論說不僅是語言和言語，而且是實踐；不僅是指稱和談論，而且是行動。論說作為實踐，系統形成它談論的對象。它所做的多於它所指的。因此，不可將論說歸結為語言和言語。在《詞與物》中，傅科具體做的是學科間的分析（如生物學、語史學和政治經濟學）。這是傅科前期工作的必然歸宿。前期學術工作也是對學科問題進行形而上學沈思。《瘋狂與非理性》分析了心理學（精神病理學），《診所的誕生》闡述了臨床醫學，《雷蒙・魯塞爾》論述了文學。當然，這並不能說明傅科完全放棄了研究詞和物的任務，只是

㉗　參見 Michel Foucault, "Michel Foucault explique son dernier livre L'Archéologie du Savoir"（〈米歇爾・傅科解釋他新著「知識考古學」〉），in Foucault, *Dits et Ecrits 1954–1988* (tome I)（《說與寫1954–1988》第1卷），1994, Paris: Editions Gallimard, p. 776。

㉘　Michel Foucault, *L'Archéologie du Savoir*（《知識考古學》），1969, Paris: Editions Gallimard, pp. 66–67。

這任務顯得相當次要。要透過「詞」和「物」看出「論說實踐」這個嶄新領域。

三、考古學的人

從蘇格拉底到今日，「人」這一概念在歐洲文化中起著主導作用。生物學意義上的「人」屬「人科」或「人屬」中的一類。解剖學意義上的「人」是哺乳動物，是生物進化最優秀的動物，其進化過程和其他哺乳動物相似，但人具有與其他動物完全不同的屬性。蘇格拉底認為人是認識你自己的動物。亞里斯多德認為人是理性的政治動物。文化學家常把人看作文化的創造者及其產物，認為人的文化特點才是人的真正本質。卡西爾(Ernst Cassirer, 1874–1945)認為人是個符號動物，因為人之為人在於他能運用符號解釋自然。海德格說，人是此在，他知道「沒有」，創造「有」。沙特認為人是為自己存在的動物。

康德掀起一場自命為「哥白尼式的革命」，更新了蘇格拉底對人的界定。他認為，認識自己就是認識理性的功能。關於人的問題，康德晚年(1800)在《邏輯》一書中提出了四個關於人的問題：⑴我能知道什麼？⑵我該知道什麼？⑶允許我知道什麼？⑷何謂人？形而上學回答第一個問題，倫理學回答第二個問題，宗教學回答第三個問題，人類學回答最後一個問題。前三個問題及其回答都歸結為最後一個問題。康德感到「何謂人？」這個問題是核心問題，一直被這一問題困惑著。

傅科同樣被這一問題困惑著。他在康德的思想理路上前行，試圖進一步探求「何謂人？」這一問題的答案。在《詞與物》中，根

據不同時代，他分析了人文科學的條件、出現、基礎和模式之後，僅用了兩章來討論人的問題。與整本書相比較，這兩章篇幅實在很少，彷彿是這本書的結論。傅科認為，文藝復興時代的人只理解相似性關係，並陷入詞與物混雜狀態之下，不能成為科學的對象。古典時代的知識具有代表性，沒能為人留出地盤。這個時代的人具有原始的厚實性，是不幸運的客體，是一切可能知識的至上性主體。可是，主體的知識只是外物（客體）的代表，知識是空洞的。人只是諸多活物中的一類，因此只有自身的博物學，而無自己的本質學。實在的人（外物）不可能成為空洞知識的對象，人無法科學地被認識和理解。古典時代的人是有嚴重問題的存在者。

十八世紀末十九世紀初，人作為生命主體、勞動主體和言說主體誕生了，終於成為科學理論的對象。在詞和物的意義聯繫中，人找到了自己的故鄉（出生地）。近代知識與其對象之間具有意義聯繫，知識不再是空洞的，而是實在的。實在而有限的人可以被實在的知識所收容和理解了，並成為知識的對象。可見，「人不是人文知識最古老最恆久的問題……我們的思想考古學容易證明，人是個近期的發明物，也許臨近末日。」❷⑨

很明顯，「這樣的人」只出現在知識的斷裂聲中，並且是在知識發生第二次大斷裂時才迸出來。傅科提出，從近代知識裡濺射出來的人具有三個雙重性：經驗(empirique)與先驗(transcendantal)、思(cogito)與不思(impensé)、起源衰退(recul de l'origine)與起源復還(retour de l'origine)。這三個雙重性構成人的形象。雙重人是畸形人、矛盾人和怪人。每一雙重性內部具有矛盾性，人在其中搖擺不定。

---

❷⑨　Michel Foucault, *Les Mots et les Choses*（《詞與物》），1966, Paris: Editions Gallimard, p. 398。

康德從形而上學、倫理學、宗教學和人類學來回答「何謂人?」的問題。傅科則從知識三面體和人文科學來回答這一問題，為人找到了三大經驗: 生命、勞動和語言。

第一、人是經驗與先驗雙重存在者。

何謂經驗? 何謂先驗? 經驗問題是存在論問題，即探尋世界的本質問題。經驗是可知的、可理解的、可證明的對象，比如傅科闡述的生命、勞動和語言。先驗本來與經驗相矛盾，是獨立於經驗之外而構成經驗的先決條件的某些事物。依培根之見，只要革新亞里斯多德的方法，便可獲得經驗。在笛卡兒看來，懷疑是哲學的根本方法，但我必須堅信「我是存在的」，「我存在」這一點不可懷疑，因為「我在」來源於「我思」的堅實性。在康德哲學中，思想與存在是同一的，指出了經驗知識的局限性，否定了無限知識及其哲學。雖然我思的堅實性建立了我的存在，但是我思處於我在的外部，可見，康德的「我思」是空洞無物的。傅科以康德哲學為起點，進而指明古典時代正是一個追求表象性、代表性的時代。表象性和代表性是該時代的特徵或精神。

在古典時代，思想如此，詞或語言亦然，只代表物，物在彼岸。詞和思想都只不過是符號而已，近代知識研究使人成為知識對象的認識條件，但是它和認識的有限性結合在一起。這種有限性說明了人在消亡。在分析有限性的過程中，人建立了自己的有限性存在的一切形式。人是個相當「奇怪的經驗—先驗的雙重物。」❸⓿傅科接著講: 「現代性的開端不處於人們用客觀方法研究人的時候，但是正好為人作為經驗—先驗雙重物誕生的日子。」❸❶在這裡，我們發現了

---

❸⓿　見前引書，p. 329。

❸❶　見前引書，pp. 329–330。

傅科與康德之間的差異。在傅科那裡，經驗與人的生命、勞動和語言相關，使實證性成為可能。康德則試圖擺脫受歷史控制的知識的純形式。但是，這種差異沒有解決實證性問題，因為經驗知識的內容和形式都受經驗秩序的制約。

康德意義上的人是空的，在我思之外必然存在一個自在之物，永遠無法達到思想所指的那邊，只好承認「何謂人?」 這一問題依然存在。這個問題同樣使傅科等人頭疼。人既然是空洞的，就不可能成為認識主體，也無法成為道德實踐的主體。要使人成長為主體，必須超越有限經驗，於是黑格爾將經驗和先驗統一於《精神現象學》一書中，延伸康德有限的經驗知識，建立經驗的生命哲學，這一切努力為的是讓人充實起來。對此，傅科認為，人必須成為經驗—先驗雙重存在者。把經驗和先驗結合起來，能充實人的精神和詞的空洞，彌補詞的代表性之不足，但這種統一直到十九世紀才實現。雙重人是傅科的一大發現。

經驗的人是實在的，但具有有限性，經驗知識也如此。先驗的人是空洞的，但可以達到無限，先驗知識也是空洞而無限的。無限知識是歐洲傳統形而上學所追尋的，有限的經驗知識否定了無限知識。近代知識試圖用「實在」和「有限」來充實空洞而無限的先驗知識，以便克服經驗—先驗雙重性，「實在」和「有限」卻是經驗的。這是個悖論。其結果是，經驗—先驗的人成了實在與空洞、有限與無限的矛盾存在者。

綜上所論，我們看到了，到近代才誕生的人成了一個怪物。傅科發現的生命、勞動和語言三大人類經驗十分有限地存在著。生命背後有死神在降臨，勞動沒有改變人的生存環境，語言敘非所指。人的經驗的有限性表明人有時間性，有末日，有死期。人文科學從

生物學、政治經濟學和語史學那裡借來的模式失敗了。

第二、人是思與不思的雙重存在者。

為了進一步理解近代才出現的人，我們討論一下人的「思—不思」這一雙重性。人不僅是「經驗—先驗」的雙重體，而且是個「思—不思」的雙重體。思與不思的對立意味著存在一個未知的領域。不思就是不知，人思考他本來不思的東西，即思非所想。這表明人的思維、知識或認識發生了困難。傅科認為，「不思」總是和笛卡兒的「我思故我在」相聯繫。在笛卡兒那裡，不思表明了經驗知識的內在性質。笛卡兒斷言，關於上帝和精神實體（我）的知識比關於現實世界的認識肯定得多。身（物質實體）與心（精神實體）相互分離，「我思故我在」中的「我」是精神的「我」，而非物質的「我」。「我在」不是作為物質實體的「我」的存在，而是指作為精神實體的「我」的存在，因此，這是典型的二元論。笛卡兒的天賦觀念和經驗論處於二元論之中，也處於康德關於感性和理性的對立思想之中。這兩種知識的不同來源都決定了人類認識的局限性。其中，康德關於知識的起源論清晰地展示出不可思（不可知）的基礎。

作為思與不思的人，一直不能在歐洲文化中樹立自己的形象。如果思想處於死氣沈沈的厚實性之中，那麼一定包含著不思（不知）的因素。人與關於他存在的思想應該保持一致，理當消除思與不思的矛盾。結果，它們之間的關係卻給人帶來了困難。人在他的存在和世界之間的境遇很糟。

笛卡兒的「我思」決定「我在」。我思是因，我在是果；我思為決定者，我在為被決定者。康德考問笛卡兒：我思如何決定我在呢？他發現了笛卡兒的困難，即從我思到我在之間存在著一條不可逾越的鴻溝，「我思」在此岸，「我在」在彼岸。康德認為，在意識

裡，我與思一致，思建立了我，但是思不在我之中，只構成我的先驗形式。於是，我是我，思是思。實際上，思是空的（先驗的），我是實的（經驗的），空的思不可能決定實的我。在這裡，康德同樣陷入了二元論。

傅科認為，現代的「我思故我在」與笛卡兒和康德的「我思故我在」，是十分不同的。不是一切思維活動都是思想，在思維活動中，還存在著考問，考問的功能在於用知識考古學審查歷史上的思想文獻。僅僅通過考問無法認清我思與我在之間為何存在一條不可跨越的溝谷。考問只是提出問題而不解決問題。回答和解決問題則是思想的任務。必須首先對「我思故我在嗎?」這一問題作出肯定或者否定的回答，然後才去尋找我思與我在之間的真實關係。

針對康德關於人的四大問題：我能知道什麼? 我該做什麼? 允許我希望什麼? 何謂人? 傅科提出了如下四大問題：人如何能思考他本不思考的問題? 人如何能作為生命體存在著? 勞動如何能滿足人的需要? 人如何能用語言自由表達自己的思想並為自己唱頌歌? ❸可是，他們追問的是同一個問題，何謂人? 在康德那裡，是「什麼」的問題，在傅科這裡，是「如何」的問題。從「什麼」到「如何」，是提問方式的改變，從而，把人類學問題順利轉交給了知識考古學。從此，我們不再探尋真理，而分析存在；不再探尋人的本質，而分析人本身；不再探尋與科學對立的哲學尚未建立的特徵，而分析不建立在人不自知的基礎上的經驗哲學的復還。

近代知識與生命、勞動和語言等有限的經驗條件相聯繫。在我思與我在之間，傅科發現了「不思」這一概念。在主體考古學思想的探測下，出現在近代知識裡的人既思又不思。思想逐漸失去了自

---

❸ 見前引書，p. 334。

身的作用，不斷接近「不思」。思想規定自己思考「不思」的問題，把「不知」帶入「知」的區域，把人的「思想錯亂」引進意識之中，由於無意識的偶然推動，人成為認識對象，同時成為促使「不思」出現的主體。於是，近代人作為思者和不思者存在著，自相矛盾。他失去了存在的希望，毀滅了永生的理想。近代文化沒有確立起人的思想和他的存在之間的內在關係。

第三、人是起源衰退與起源復還的雙重存在者。

人的這一雙重性意味著自己的起源性和歷史性。古典時代的語言派生論表明了語言有它的起源和最初的代表性。研究語言就是找出物與詞之間的明確性。分析自然便是尋找物與物之間的內在的半相似性關係，或者擬定物的分類圖表。探索財富就是思考物物交換和需要。一句話，古典知識試圖建立一個具有代表性的認識體系。可是，直到近代，起源的衰退與復還之間的關係才得以建立。語言在近代失去了透明性和起源性，它的起源問題成了歷史學的研究對象。語言之謎掩蓋了它的源頭，這一源頭距我們十分遙遠並拒絕經驗探究。近代思想家不再像古典思想家那樣探索起源問題。正如傅科所言：「不再是起源形成歷史性，而是歷史性在自己的網絡裡任意使起源的必然性清楚地顯示出來，這一必然性對歷史性來說，既是內在的，又是外在的。」[33]

探索世界的起源是歐洲文化的特徵。對人而言，探尋人的起源等於追蹤其歷史性。但近代知識使人的起源問題消退了。在知識考古學的層面上，人和歷史性俱來，歷史性曾已經在那兒，這就是傅科發現的歷史先驗性、實證性或者基礎性。傅科斷言，起源與人得以思考的已開始的基礎是一回事，並且總是從這一基礎出發解決問

---

[33]　見前引書，p. 340。

題。❸ 「人」的出現與原始性不是同步的。人作為生命主體，只在比他先出現的生命深處發現了他的出生地；作為勞動主體，只在被社會制度化的勞動時空裡找到最簡單的形式；作為言說主體，只挖掘出了語言所留下的過渡性痕蹟，尚未尋找到語言的最初形態。

傅科認為，雖然近代知識自黑格爾以來就探究起源問題，但與古典知識對起源的研究大大不同。古典時代把起源作為理想去追求，這種追求遠離現實。存在於過去認識中的原始性或起源性僅僅是曆法標記或編年性的，並未表明它的經驗的最古老的中心。人的實際經驗不是由他的起源建立起來的。人的起源總在更新和消退，沒有指明他的出生時間和地點。於是，人成了無任何起源的存在，或者說，人與起源發生了分離，這個起源曾使人和自己的存在處於同一個時代。人在萬物中生滅，他已經在那兒。

傅科的「人已經在那兒」和海德格的「人總是已經在那兒」同義。在康德看來，此在 (Dasein) 一詞是與「非存在」相區別的存在範疇。在黑格爾那裡，指確定的存在。海德格用它來指人的本質和人的特殊性（意向性存在），　人作為享有特權的存在者出現並屬諸一切存在。這樣的人能認識他與其餘存在物的關係。海德格的「人」作為存在者具有存在的和本質論的至上性。這種至上性說明人應該首先在特殊條件下被給予或被假定。❸ 人之為人，關鍵在於他與其他存在物具有不同的特性。人總是在一切存在之中存在著。傅科指出，生命、勞動和語言在歷史中只建構了人的起源的表面性，並且指出人已經在那兒（在自己的存在之中）。　人在生命、勞動和語言

---

❸　見前引書，p. 341。

❸　參見Martin Heidegger, *Etre et Temps*（《存在與時間》, 1927），1986（法文版），Paris: Editions Gallimard, pp. 40–41。

中得以交流和存在。但是，關於這三大經驗的知識往往掩蓋了真理，以至於無法揭示人自己的歷史和起源。人文科學是從生物學、政治經濟學和語史學借用模式或基礎而建立起來的，必然具有同樣的局限性和缺陷。換言之，近代關於有限性分析無力囊括全部歷史，追求起源同樣失敗。歷史學曾企圖成為一門包羅萬象的通史，但畢竟是一種理想。

傅科認為，一般看來，時間可以恢復原狀，並走向消逝，事物在出現。時間和事物都有生生滅滅。海德格在《時間與存在》中詳細討論了這一出現，從存在問題入手確立了人的本質。他用「此在(Dasein)」來表示人的本質。海氏從現象學上把存在規定為具有時間意義的東西。時間具有現象學意義。因此，存在的真理決定人的本質。歐洲傳統哲學認為人既是主體又是客體。從哲學上回答「何謂人?」這一問題，必須擺脫看得見的先驗性。對「此在」的存在分析先於人類學、心理學和生物學。海德格把傳統的身、心和精神等概念引入他的思想體系之中，以劃定有關「此在」的有限性分析與人類學、心理學、生物學之間的界限。這一界限的劃分只適用於「此在」的本體論之基本問題。

在海氏那裡，人的起源概念指出「此在」具有「從前存在」的特性。「從前存在」便是此在的規定性，並且唯獨此在才有這一規定性，即「人總是已經在那兒」。❸❻ 這一規定性是此在的本體論本質。此在是特殊的或歷史的人。人還有一個神學的本質和存在。那便是上帝造人。「上帝造人」是人的神學起源。傅科認為，「特殊的人」與「上帝造的人」共居於人類學中。通過對「特殊的人」進行基礎分析，海氏力圖找到人的基本結構。人原來作為假定的存在者露身

---

❸❻　見前引書，p. 73。

於世，總是已經在那兒。不存在出生（起源）的日期。「從前存在」是「未來存在」在時間上的來源或復出。此在具有純粹的超驗性，區別於其他一切存在。

傅科認為，海氏試圖促使人的結構在未來出現，目的在於使起源得到復還。但是，到過去尋找人的起源或出生，從來沒有成功過，便寄希望於未來。弄清起源之謎實際上是徒勞的，因為起源總是迴避實際的經驗事件。在傅科眼裡，海氏發現的起源是未來的衰退。起源在未來的復還失敗了，衰退了。我們的思想與起源並不同步。起源成了總要被重新思考的東西，我們從未完成求索起源的艱巨任務。在考古學層面上，雖然近代知識發現了人，但很快傾覆。人的本質的發現與其存在的發現並不處於同一時代，人作為活物已經存在若干萬年，而到十九世紀初，才成為探求本質的知識的對象，才被真正理解和收容。

在追求起源過程中，人的處境很不妙。與其說近代知識發現了人的起源，不如說它只弄清了人的起源的有限性、虛無或衰退。人在近代知識裡擁有的美景十分短暫。

第七章　權力哲學

「68年事件」改變了傅科哲學的走向。70–75年間，是傅科學術生涯的大轉折時期。傅科在這期間的著述、訪談、政治活動、學術活動，為理解傅科思想轉變提供了重要依據。以前的精神病學實踐，標明他雖不是純書齋式的學者，但無法滿足他解決如目前這類現實問題的要求。政治理論和政治實踐比其他理論和實踐要複雜得多，傅科哲學體系也必變得更加複雜更加矛盾。《監視與懲罰》一書標誌著傅科哲學進入「權力哲學時期」，在此意義上，我們可以把傅科稱為「政治哲學家」或「權力哲學家」。

傅科的每本著作都各有其方式：勾畫某個主題的輪廓，建立某種分析方法。在考古學時期，《瘋狂與非理性》、《診所的誕生》和《詞與物》屬於「主題探索」著作，《知識考古學》屬於「方法論」著作。到了系譜學時期，他寫出《監視與懲罰》和《知識意志》（《性慾史》第一卷）。

從表面上看，這兩個時期的學術研究主題間沒有什麼聯繫，實際上，它們之間有著深刻的演進過程。在考古學探索時期，傅科引進了「論說」和「論說實踐」這兩個術語，這表明，已為研究權力問題埋下了伏筆，因為論說實踐進入知識領域，知識又反過來進入制度、實踐領域；因為知識就是權力。權力進入知識時，知識就介

入了政治領域。「知識就是權力」並不意味著知識和權力絕對同一，卻表達了知識與權力之間的密切聯繫，相互包含，相互一致，二者合一——知、權（行）合一。有了「權力」，知識便權力化（實踐化、制度化、政治化）了，打上了深深的權力烙印；有了「權力」的介入，知識必須同權力相結合，於是，研究權力知識就有了可能。權力知識即是政治知識或暴力知識；它也是權力真理或政治真理，因此，真理就是權力；我們還可以找到一些概念，諸如權力論說、權力檔案、權力紀念物。權力論說即政治論說、政治語言或暴力語言。

　　從考古學到系譜學，傅科哲學實現了從純粹知識分析到權力知識（實踐知識、行為知識）分析的過渡。知識不可能作為純形式而存在，而是有著自身的具體內容。知與行的關係就是思維與存在的關係。思維是存在的思維，存在是思維的存在。這是傅科的哲學思路，這個思路根本就是歐洲哲人走過的「舊路」，只是走法有異，繼續討論傳統哲人尚未談明白的主題——對於現代思想家來說，關鍵不在於思考什麼，而在於怎樣思考；人人都得從頭體驗，從頭學起，從頭想起，從頭說起，從頭寫起；如果哲學是一條永不停息的長河，哲學主題是行游於長河的巨輪，那麼，哲學家是巨輪上的船長，總是要不斷地航行下去的；哲學本無古今，所以，作為現代哲學家的傅科，仍在歐洲傳統哲學的道路上思索。

　　《監視與懲罰》是圍繞著「權力」展開討論的。傅科的權力觀集中體現在這本書裡，成為後期傅科哲學乃至整個傅科哲學的中心和靈魂。「權力」是傅科哲學的積澱性、昇華性主題，是傅科哲學發展的歸宿，也是尼采系譜學及其權力意志哲學的繼續和發展，因此，傅科權力哲學是一部系譜學，傅科的權力哲學及後來的倫理哲學同尼采的道德哲學一脈相承；另一方面，在批判哲學之路上，亦

是康德實踐理性批判的延伸和發展，為歐洲思想繪製了新的實踐理性坐標。

現代人是勞動者、生存者、言說者。對現代人的勞動、生存、言說的理解，依賴於相應的三種知識：政治經濟學、生物學和語史學。人不僅僅是個「活物」，而且是個「靈魂體」，即是說，人不僅是生物進化的產物，而且是知識進步的產物。生物本身也是知識的對象，知識並不是無對象的體系，不可能獨立存在，必須與具體對象結合起來，才能成為真正的理性知識。絕對純粹的知識是不存在的。進一步講，知識的對象不止於生物體，還有許多別的對象，如政治、經濟、社會、法律、權力、性慾等，知識與這些對象相結合又構成不同的具體知識。這些對象無疑與人直接相關，研究這些對象就是研究人。人不只是知識的產物，而且是政治、經濟、社會、法律、權力、性慾的產物。

政治、經濟、社會、法律、權力、性慾之間是相互聯繫的。當知識與權力結合起來時，人自然進入知識與權力構成的關係網之中。人既是知識（論說）的對象，又是權力實踐（論說實踐）的對象，或者說，人成為知識—權力的動物。人不僅能夠運用知識來改造自然（協調人與自然的關係），而且能夠運用權力來改造人自己（調整人與人的關係）。

進入系譜學時期，傅科之所以十分關注權力問題，特別是監獄裡的權力實踐問題，是因為他本人積極投身政治社會活動，尤其是聲援犯人鬥爭並成立了監獄調查小組，是因為尼采權力意志哲學的直接而深刻的影響，是因為考古學時期的哲學探索已經潛隱著《監視與懲罰》一書所研究的主題。監視與權力等是考古學主題的繼續，研究監獄的「監視權」是分析瘋人院的「監禁權」和診所的「凝視

權」的延伸，換句話說，《監視與懲罰》重新論述了《癲狂與非理性》和《診所的誕生》中的思想。和《詞與物》一樣，《監視與懲罰》也是一部人文科學哲學著作。

1970年，傅科在法蘭西學院發表就職演說時第一次闡述了權力問題，並初步分析了權力和知識間的關係。從此，「權力」是後期傅科哲學的核心論題，並且再也不與知識相分離。權力創造知識，權力利用知識，權力依賴知識，權力與知識相互包含。不是認識主體的活動創造了知識，而是權力知識和權力鬥爭滲透並組成知識，決定認識的形式和可能領域。《監視與懲罰》試圖分析權力如何滲透於監獄，如何與知識相結合，如何將監視與懲罰置於權力之下，如何建立關於監獄、監視、懲罰與權力的知識。

在法蘭西學院十四年的教學生涯中，傅科所開講座均不離權力，可謂「言必稱權力」。知識、檔案、論說、紀念物、遺蹟、社會、安全、國土、人口、真理、主體、管理、性慾等等，都統統籠罩在權力之下。這是對權力實現複雜的系譜（世系）分析的可能性。可見，系譜學分析是二元的或多元的方法。傅科將這些本屬不同領域的對象結合起來，使它們之間具有新型的建構性關係(內在聯繫)。這是傅科哲學的可取之處。

《論說秩序》明確把「權力思想」引入傅科哲學的視界。如果說，「權力」這主題在考古學時期還隱匿著，那麼，他在《論說秩序》中已經流露出來了，進而在《監視與懲罰》和《性慾史》中得以深化。《論說秩序》作為就職演說，還不可能充分討論權力與知識（論說）間的關係，但足以引出以權力為中心的各種政治、法律主題。

我們在《論說秩序》裡讀到：「在我們這樣的社會裡，我們當

然懂得『排斥』程序。最明顯最熟悉的是『禁止』。　我們深知，我們沒有談論一切的權利，我們不能在任何環境下談論一切，誰也不能什麼都說。」❶可見，論說（知識）必然受制於程序或權力。傅科在1971-1972年的課程《刑罰理論與機構》研究了法國十九世紀的懲罰機構，更深入分析了權力與知識的共存關係：「權力關係……不僅僅具有促進或阻礙知識的作用，也不只滿足於懲惡或刺激、歪曲或制約知識；權力與知識並不是依照唯一的利益或意識形態的作用而發生相互聯繫的；因此，問題不只在於確定權力怎樣征服知識且使之服務於權力自身，或者確定權力如何給知識打上權力的印蹟並把意識形態的內容與限制強加給知識。」❷沒有權力便沒有知識，沒有知識也就沒有權力；權力限制著知識，知識也產生權力。權力在本質上表現為各種關係（政治的、法律的、意識形態的），　體現了個體與個體、人與人之間的關係。權力就是管理、統治、支配，如父母管理孩子，教師管理學生，統治者支配人民。傅科權力哲學揭示了知識與權力的雙重關係（作用與反作用的關係），　亦試圖把表現人與人的關係的「知識—權力（傅科）」和展示人與物的關係的「知識—力量（培根）」結合起來。

　　什麼是權力？　「權力」一詞體現了人與人及人組成的社會之間的種種關係。外語文獻如英語power，法語pouvoir❸等也顯示了這

---

❶　Michel Foucault, *L'Ordre du Discours*（《論說秩序》）, 1971, Paris: Editions Gallimard, p. 11。

❷　Michel Foucault, "Théorie et Institutions Pénales"（〈刑罰理論與機構〉）,　in Foucault, *Résumé des Cours* 1970-1982（《法蘭西學院講義概要》）, 1989, Paris: Julliard, pp. 19-20。

❸　法語詞pouvoir（權力、行為能力），在842年寫成podir，在十一世紀末寫做poeir, pooir, povoir，初指「能力」，都來自動詞pouvoir（能夠），

些關係。因此，以「權力」譯 power 和 pouvoir 等詞，是十分準確的。權力概念，普遍存在於歐洲政治學著作和政治研究中，不同的權力思想家有著不同的含義。權力是一種強制力量或支配力量，並且是施於人的力量（能力）。 權力觀念是中西政治理論和法律理論的靈魂。

法國政治哲學家孟德斯鳩的《法意》， 提出了三種權力：立法權 (puissance législative)、行政權 (puissance exécutrice) 和司法權 (puissance judiciaire)，它們之間彼此分立。此外，柏拉圖、西塞羅 (Marcus Tullius Cicéron，前 106- 前 43)、霍布斯 (Thomas Hobbes, 1588–1679)、笛卡兒、盧梭、黑格爾、恩格斯、邊沁、韋伯 (Max Weber, 1864–1920)、列斐伏爾、列維-斯特勞斯、德勒茲、德希達等人，都對權力進行過深入探討。

權力在古羅馬思想中是指「人們通過協同一致的聯繫和行為所具有的特殊能力」。❹權，非一般之力。既然權力來自人民，它就是一種尺度、正義的同義語，具有權威性，可以衡量是非曲直。霍布斯把權力看作「因果關係」，即權力行使者與權力承受者間的因果關係，「『權力』和原因是同一回事，原因和結果與權力和行動相對應；而且，雙方是相同的事物……無論由於什麼原因使行動者擁有對其

而動詞pouvoir源於拉丁語詞potere（能夠）。 pouvoir與puissance, hégémonie, prépotence, omnipotence, tout-puissance 同義， 也相當於德語詞vermögen, fähigkeit及gewalt，義大利語詞potenza和potesta。pouvoir作為權力，需要機構來行使。pouvoir是政治的、最高的、至上的、絕對的、極有效的權力。傅科以pouvoir（或英語power）來表達他的權力思想。

❹　特倫斯・鮑爾：〈權力〉，鄧正來主編：《布萊克維爾政治百科全書》，1992，北京：中國政法大學出版社，第595頁。

對象產生作用所需的所有條件（即各種屬性之結合），我們認為，他只要願意便有權力產生這種影響。……所以，行動者的權力和有效的動因是一回事。」❺霍布斯關於權力的新定義，得到韋伯的修正。韋伯認為，權力，是「在社會交往中一個行為者把自己的意志強加在其他行為者之上的可能性」。❻行為者與行為者之間構成一種強加關係，這是對霍布斯權力因果觀的發展。人與人的政治交往是力與力的結合。力量大者支配力量小者。權力的力量是巨大的，是社會的推動力（動因）。權力是一種政治性因果關係，有非常特殊的用途。和霍布斯、韋伯等人一樣，對於「權力」這一政治學的核心主題，傅科也十分重視，傾付全部精力，但是採取了完全不同的考察策略，以擺脫霍布斯、韋伯等政治學家的權力思想，重估權力價值。傳統權力觀具有濃厚的機械力學色彩，缺乏精深分析，沒有「重視權力交換中存在的主動『施加權力』的可能」。❼這個遺留問題是傅科的努力方向。其實，權力相當複雜、細微、具體，與政治、經濟、法律、社會等構成錯綜複雜的世系網。

　　和霍布斯、韋伯等人一樣，傅科也認為權力是一種關係，不同的是，權力在傅科政治哲學中表現為勢力關係(rapport de forces)。一切勢力關係都是權力關係，或者說，勢力就是權力。權力不是形式（如國家形式），權力關係不居於兩種形式之間；勢力從來不是單一的，一種勢力總與另一種勢力相結合。權力關係已經大大超越了暴力。❽權力關係就是一種主體行為作用於另一種主體行為，即

---

❺　轉引自前引文，第595頁。

❻　轉引自前引文，第595頁。

❼　見前引文，第595頁。

❽　參見Gilles Deleuze, *Foucault*（《傅科》），1986, Paris: Les Editions de

人管理人，人控制人，人對付人。這種作用具體表現為鼓動、促使、擴大或限制，等等。**❾** 傅科試圖從權力角度理解社會實踐的功能，以免重新陷入傳統歷史觀。權力並不是簡單的外在力量，也不是個體相互作用的總和。傅科研究權力的目的不是建立系統的權力學說，因此不必弄清權力出現的時間和地點；在傅科看來，權力反映了種種關係，因此需要尋找並分析權力關係。權力行使於非平均主義的和變幻不定的關係之中，它是政治工藝運作的手段。傅科在分析了權力與知識的關係之後，提出了生物權力這一概念。**❿** 權力系譜學的目的就是分離、描述和分析政治工藝所決定的非平均主義的關係網。生物權力擺脫了權力的司法表現。政治語言無法闡述生物權力的理性。政治工藝局限於一些特殊機構，如學校、醫院、監獄等，生物權力能夠在這些機構發生作用。

Minuit, p. 77。

❾ 參見Michel Foucault, "Deux Essais sur le Sujet et le Pouvoir"（〈兩論主體與權力〉），in Hubert Dreyfus & Paul Rabinow, *Michel Foucault, Un parcours philosophique*（《米歇爾·傅科的哲學道路》法文版），1984, Paris: Editions Gallimard, p. 313。

❿ 關於生物權力(bio-pouvoir)和生物政治(bio-politique)，傅科尚未充分討論，但是，生物權力和生物政治，是傅科哲學的重要思想。生物權力可以把各種身體政治工藝和人文科學論說聯繫起來，將引發關於自然和意義的一系列問題。在傅科研究中，應當深入探討知識、論說(論說實踐)、權力—知識（論說的物質性）、權力—性慾和生物權力(生物政治)間的內在關聯。傅科從追問知識到提出生物權力，並以論說實踐為中介，建立自己的哲學體系，實現了理論（知識）與實踐（權力、性慾）的結合，其目的是努力克服空的我思（或我思的空）、空的主體（人）。在這個意義上講，考古學重在分析理論（知識），系譜學主要研究實踐（權力、性慾）。

　　既然權力是一種關係即主體與主體間的關係,表現為人管理、控制、對付人——看守(禁卒)管理犯人,醫生管理病人,教師管理學生,精神病醫生管理瘋子,工頭管理工人,軍官管理戰士——權力問題便是關於主體的問題。權力是一張巨大的網,撒布四面八方,人人都是網中魚。

　　在傅科的整個學術生涯中,重在揭示歐洲文化中的人的不同主體化方式的歷史。《詞與物》展現出了三種不同的客體化方式,它們把人變成主體(言說主體、勞動主體和生命主體)。 三種客體化方式具有三種研究方式:普通語法學和語史學、財富分析和政治經濟學、博物學和生物學。主體或分離於自身內部,或分離於其他主體。這個過程使主體成為不同的對象。主體有狂人與健全者、病人與健康者、罪犯與君子之別。在系譜學時期,傅科主要研究權力主體和性慾主體。可見,傅科哲學始終沒有放棄對主體問題的追問。因此,傅科哲學的一般主體不是權力和性慾等,而是主體。作為言說主體,人體現了意義關係;作為勞動主體,人展示了生產關係;作為生命主體,人表明了生存關係;作為政治—法律主體,人展現了權力關係;作為性慾主體,人標明了性關係。權力形式被運用於日常生活,對個體進行分類,將一切個體改造為主體。主體有兩層含義:服從性主體(服從另一主體的主體)和意識主體(與自己的身份和意識相關的主體)。 如何運用或行使權力? 這是一個十分重要的問題,是傅科權力哲學考察的重點。傅科把這一考察落實到了監獄分析上。

　　傅科主義層面上的「權力」與監獄、酷刑、懲罰、監視、罰誡等密切相關。監獄、酷刑、懲罰、監視、罰誡是《監視與懲罰》的幾個關鍵主題。傅科以它們為軸心展開論述他的權力思想。監獄是

歐洲權力社會的縮影或範例。監獄是權力的試驗場和傅科的文化考察區域（地域），集中體現了施加權力的主動性，「監獄調查小組」則是傅科本人政治活動的試驗場，也是傅科了解犯人和監獄的手段。在獄中，權力被推到頂峰，各種政治的、法律的權力都大膽而露骨地表現出來，如酷刑權力、懲罰權力、罰誡權力、馴服權力、監視權力。監獄隔離、排斥、改造犯人（對象、主體），彷彿瘋人院隔離、排斥、改造狂人。罪行與理性的對立，如同瘋狂與理性的對立。對權力的研究，傅科鍾情於監獄這一微觀（微型）場地，這與他早年傾注於瘋人院（大禁閉）和醫院（隔離）交相輝映，主題與主題之間也具有貫通性。傅科的哲學探索與文化調查直接相關，可以說，傅科的所有著作都是文化考察報告，是思想文獻與文化考察相結合的產物。就《監視與懲罰》言，它是法國刑罰學研究與法國監獄調查相結合的傑作。所以，傅科總是求新、求實、求精。

《監視與懲罰》表明，傅科的視域限於法國監獄，以監獄刑罰為出發點實現了對權力的重新解釋而建立了微觀權力物理學，展示了十八世紀下半葉至十九世紀上半葉法國刑罰制度的演進，最終揭示了處於權力和知識間的主體（人）的命運和境況。監、獄、牢同義。所謂監獄就是監禁與改造犯人之地，可謂「同類相教」，其管制嚴格，警戒嚴密。建立刑罰制度和設置監獄的目的是對付人中「兇人」。兇人猛於虎。依兇人所犯罪的不同程度，分為有期徒刑和無期徒刑。犯人被剝奪某種權益（財產、政治權利、人身自由甚至生命）。

《監視與懲罰》的考察地是監獄，但其視野絕不止於此。監獄是社會的「細胞」，這為「微觀權力物理學」的建立準備了實踐前提，進而研究整個社會的狀況，因此，以監獄之微小可見社會之宏

大，以一可見多，以部分可見總體，以獄內之境可見獄外之境。傅
科總是將監獄同社會的其他細胞（工廠、學校、醫院、軍隊、修道
院、家庭等等）聯繫結合在一起。這些細胞的總和就是社會，社會
也總是表現為這些具體形式。這些具體形式之間具有相似性，都有
自身的「特殊規則」、「特殊知識」、「特殊權力」，比如監獄有法規，
工廠有守則，學校有校規，醫院有章程，軍隊有軍紀，修道院有戒
律，家庭有家規。特殊的規則、知識、權力又是社會普遍的規則、
知識、權力的具體表現形式。一切規則、知識、權力都是為了維護
社會（人類生活共同體）的秩序。社會人具體體現為監獄人（看守
—犯人）、工廠人（工頭—工人）、學校人（教師—學生）、醫院人
（醫生—病人）、軍隊人（軍官—士兵）、修道院人（神父—修士）、
家庭人（夫—妻—子女）等。

　　我們在《監視與懲罰》中發現，傅科考察的重點是監獄，但又
往往從域（監獄）外的領域進行思考。人人都生活在規則—知識—
權力網絡之中。各種規則、知識、權力都深入人心（靈魂深處），讓
男女老少皆知。到處都有規則、知識、權力。監獄是一個微觀共同
體（社區）。監獄群體（團體）可把犯人按犯罪的不同性質分為各
種層次，不同的犯人居於不同的監獄社區。由於犯人入獄前在財富、
權力、知識、職業或名望上的差異，而導致形形色色的心理活動現
象。這種現象是犯人特有的監獄心理。素質不同的犯人在獄中進步
大小有別。在監獄中，一個犯人的行為影響另一個犯人的行為，犯
人之間相互影響、相互學習、相互改造。犯人與犯人之間的交互行
為表現為監獄關係、監獄控制、監獄問題和監獄需要等。社會規則，
這一調整人人關係的準則在監獄中體現為監獄規範。監獄規範具有
懲罰性。監獄實際上是懲罰社區、懲戒群體。傅科試圖將這種懲罰

社區推廣到整個社會，認為整個社會是一個懲罰共同體。社會，特別是當代歐洲社會是個監獄化系統或者監獄群落。

　　以懲處肉體為特徵的車裂刑廢除後，取而代之的是監獄，監獄的主要任務是教化心靈而非懲罰肉體（實際上未能徹底根除）。從表面上看，從肉體懲處到教化心靈，是更文明、更合理、更進步了，而傅科一針見血地指出，非也。誅心勝過裂肉，文鬥勝過武鬥。自監獄誕生以來，懲罰權力從肉體移到了心靈，更有效更加強了。傅科找到了邊沁發明的敞視式監獄（Panopticon圓形監獄），並把它作為典範加以分析。

　　　　建築物在四周呈環狀，中間有一個塔樓，塔樓設有面向環狀
　　　　建築物裡面的寬大的窗戶；周圍的建築物被分成單人牢房，
　　　　每間牢房都與建築物的厚度一致；每間牢房皆有兩扇窗子，
　　　　一扇朝內，與塔樓窗戶遙相呼應；另一扇向外，讓陽光從牢
　　　　房的一邊射到另一邊。那麼，只需在處於中心的塔樓上安排
　　　　一個監獄看守就夠了，在每間牢房也只需監禁一個瘋子、一
　　　　個病人、一個犯人、一個工人或者一個學徒。通過逆光作用，
　　　　光線如實而清晰地映出塔樓，人們可以從塔樓上看到周圍牢
　　　　房小小的、被嚴格約束的輪廓。在監獄四周，在小劇院四周，
　　　　每個角色都形單影隻、完全被個體化、總是可見的。敞視機
　　　　構布置了一些空間單位，這些空間單位允許不斷地觀察且立
　　　　即查清隨時出現的問題。總之，人們改變了黑牢原則；更確
　　　　切地說是黑牢的三種功能發生了變化——監禁、喪失光線、
　　　　隱藏——只保留了第一種，廢除了另外兩種。充足的陽光與
　　　　看守的注意，比最終起庇護作用的幽暗更引人注目。可見性

是一種陷阱。**⓫**

　　敞視式監獄具有很好的透視效果，是環視的、全景的、總貌的，給人以視野廣闊的感覺。監獄看守在一百八十度視角範圍內可把罪犯一覽無遺，罪犯卻無法看見看守。這樣看守十分有效地監視著囚徒。設計相當精巧，堪稱歐洲人的一大傑作。敞視式監獄在傅科的解釋下成為當代歐洲社會的「喻體」。社會不是別的，正是個敞視式監獄，是敞開著的。由於監獄懲罰與其他領域的懲罰形式具有家族相似，它們可以相互借鑒，而監獄懲罰本身既施於罪犯，又面對著潛在的違法分子；獄中罪犯與獄外人仍保持著密切的聯繫，潛在的犯人行游於社會之中，常人可能淪為階下囚；因此，執行懲罰公務的人可以隨時出現在人群之中，本屬於監獄內的懲罰可能出獄而進入日常社會（常人社會）。監獄的範圍在無形中擴大了，獄外人也處處受到各種條款、規定的控制和監督。全社會是一架完整的懲罰機器。人類生活在敞視式社會之中。

　　酷刑一詞，傅科用 supplice 來表示。反過來說，以「酷刑」譯 supplice，是很恰當的。什麼是酷刑？法文 supplice 來自拉丁文 supplicium。傅科在《監視與懲罰》中所列酷刑有車輪刑、絞刑、焚屍刑、示眾刑、示眾柱刑、戴鐵項圈之刑、鞭刑、烙印刑。我們在《監視與懲罰》中讀到：

　　　　它是一種「殘忍而痛苦的肉刑。這實際上是連那些野蠻而殘
　　　　酷的人都無法理解的現象。」無法理解是完全可能的，但肯定

⓫　Michel Foucault, *Surveiller et Punir*（《監視與懲罰》），1975, Paris: Editions Gallimard, pp. 201–202。

既不經常變化也不殘忍。酷刑是一種技術，與劇痛應有著巨大的差異。刑罰之為酷刑，應符合如下三條重要標準：⑴它應該產生一定的甚至能準確度量的痛苦感，至少可以估計、比較痛苦程度並且對其進行分級。⑵死刑是一種酷刑，它不只是剝奪生存權，而且變成逐漸估計以斬首刑、四馬分屍刑的痛苦的機會與極限；斬首刑在頃刻間將一切痛苦一次了結，即酷刑化為烏有；四馬分屍刑通過絞刑、焚屍刑和讓犯人慢性死亡的車輪刑，使一切痛苦無限延伸。⑶死刑與酷刑都是在痛苦中終結生命的藝術，把生命再化作「無數具屍體」，在生命中止前獲得「幾近完美的臨終」。酷刑建立在整個定量的痛苦基礎上……酷刑還是司法儀式的一部分。這是懲罰儀式的組成部分……對受害者而言，酷刑應是引人注目的：它把犯人肉體弄得疤痕累累，或者它具有鮮明特徵，使死者的殘暴行為變得可恥；即使酷刑具有「消除」犯罪的功能，也是不可調和的；酷刑蔓延於囚犯自身的肉體四周或更直接作用於他的肉體之上，犯人身上的印記是不會消失的；不管怎樣，人們都不會忘記示眾刑、示眾柱刑、拷打和按照法定程序證明的痛苦。在強制施行酷刑的司法機關方面，酷刑應該是明確的，並由一切所證明，有點像其成功施行一樣。訓練有素的暴力本身就是一種榮耀：罪犯在抽打聲中不停地呻吟和哀叫，這不是不光彩的細枝末節，而是在權力中顯示出司法機關本身的威儀。因此，這些酷刑對犯人屍體仍然發生作用：焚屍、把屍體化為灰燼任風吹揚、將肉體直接放在柳條編織物上、曝屍路旁。法庭把犯人肉體推到一切痛苦的極限。⓬

⓬ 見前引書，pp. 37–39。

　　酷刑懲罰的是赤赤裸裸的罪犯肉體，使其肉體毀於一旦。酷刑成為儀式，其目的是使殘酷場面深入「觀眾（公眾，包括罪犯家屬和潛在違法者）」之心靈，殺一儆百。因此，儀式化酷刑將罪犯之「肉身」與觀眾之「心靈」結合起來，罪犯之「身痛」與觀眾之「心痛」相結合，「罰肉」與「誅心」相結合。酷刑儀式盛況空前，萬眾圍觀，如赴博覽會看足球賽，處死達米安(Damien)是一個十分典型的例子。因酷刑儀式化而有觀眾的參與，酷刑具有指向罪犯（肉體）和觀眾（心靈）的兩個向度，或者說，它不僅僅懲罰罪犯，而且教育觀眾（觀眾必然置身於懲罰場中而被懲罰），然而，它遠離罪犯的心靈和觀眾的肉體。在酷刑面前，不同的主體有著不同的命運。主體和命運的抗爭是歐洲思想的特徵之一。人在抗爭中分化為罪體與非罪體。罪體與非罪體的對立，是非理性與理性的對立。

　　在系譜學層面上，權力與知識共在（共存、共生），因此它們並不是單一的，比我們想像的要複雜得多。傅科把權力不僅引向了社會（如以監獄這個微型社會為例），而且引入了知識分析（系譜分析）；不僅把知識引向了考古分析，而且引入了系譜分析。於是，知識與權力在系譜學上實現了結合。實現知識與權力（實踐或行為）的結合，是傅科從考古學轉向系譜學的祕密。在系譜學啟示下，「權力」知識化，「知識」權力化。在權力與知識的內在關係之中，存在著權力與知識構成的現實的歷史。現實的歷史和歷史的現實，是權力與知識交互作用的結果。研究這一結果，是理解歷史理性演進和社會歷史進步的先決前提。權力管理、統治、支配的是活生生的、現實的人。活生生的、現實的人組成複雜而龐大的社會。「社會中人」既是知識分析的核心對象，又是權力運作的直接對象。人、知識和權力形成錯綜複雜的三角式世系關係。人在知識教化下變得文

明，在權力作用下變得溫順。人既是知識性動物，又是權力性動物。

　　為了保證權力運作的正常進行，就必須建立一套有效的策略(stratégie)、工藝(technologie)和程序(procédure)。《監視與懲罰》研究的重點是誅心術。誅犯人的心。誅心術是隱藏性徒刑而非公開性酷刑。施展誅心術的場地是監獄，特別是敞視式監獄。監獄有森嚴而高深的圍牆，懲罰原來是牆外事，自有了監獄以來卻成為牆內事。監獄像工場、學校、醫院、軍隊等機構一樣訓練、教育、制服、懲罰人（罪犯），　使他們成為守紀律的人或有用的人，使他們的肉體變得馴服或溫順。罰誡(discipline)是監獄懲罰的重要手段或技術。⑬這一技術包括等級監視 (surveillance hiérarchique)、標準化懲罰(sanction normalisatrice)和審訊(examen)。

　　監視是主要的罰誡技術。法語 surveillance 一詞有監視、監督、警戒、看守、看管、注意、受監視、受看管等含義。「視（觀察、觀看）」本是科學方法，與實驗並用，它是有目的有計畫的。「視」在軍事上是對一定區域或目標進行的查看與監視，為了有效查看目標，在隱蔽處專設「觀察所」。「視」在醫學上是一種體格檢查方法；醫生用眼睛直接看（凝視、觀察）病人或受視者的意識、精神、表情、姿勢、營養狀況及身體狀況。這一方法通常叫做「視診」。對學校考場的應考者進行監視，使其遵守考場規範。從旁察看（視、

---

⑬　傅科所用discipline一詞，譯為中文是需要好好斟酌的。傅科運用該詞
　　表達懲罰（感化）犯人心靈（誅心）而非肉體，強調刑罰的有效性而
　　非殘酷性。這是監獄懲罰的特點，正與酷刑相反。在誅心過程中，知
　　識和權力同等重要，discipline既具有知識（學科）的功能又具有權力
　　（懲罰）的作用。法文詞 discipline有多義：紀律、懲罰、學科、教育、
　　訓練、制服等。通過懲罰權力與懲罰知識的綜合作用，以達到告誡、
　　規誡犯人的目的。因此，我們擬將discipline譯作「罰誡」。

注視、凝視）為「監」。　對獄中人（監犯）進行監視，使坐牢者遵守監獄紀律。一切受監者都不自由自在。為了實現有效監視罪犯，建立了敞視式監獄。監獄的「監視」與科學的「觀察」、兵營的「查看」、醫院的「凝視」、學校的「監視」，是相通的。監獄、科學、兵營、醫院、學校具有相似的監視模式。

我們在《監視與懲罰》中發現，監獄監視是分等級的、連續的、功用的。（等級監視—引者注）

也許是十八世紀一項重大的技術「發明」，但其潛伏的蔓延將其重要性歸於它自身所具有的新的權力機器。多虧這種監視，懲戒權力完全成了「封閉的」、受約束的系統，這一權力運用於機構意圖方面和經濟上。它也作為複雜的、必然產生的和匿名的權力而組織起來；既然監視取決於個人，是確實的，其作用就是自上而下的關係網的作用，但也在一定程度上是自下而上且在側面的關係網的作用；這種關係網使人「顧全」大局，通過互相依賴的權力作用全面滲透這一大局：監視者永遠被監視。分級的罰誡監視中的權力不作為一種東西而被占有，也不作為所有物而被轉讓，卻作為機器裝備而發揮作用。如果它的金字塔式組織讓其擁有「長官」，是真的，那麼，這是一臺完整的機器，它產生「權力」，把每個人分布在持久和連續的領域……幸虧監視技術，權力「物理學」和對身體的控制得以實現，其根據是光學和力學定律，是空間、行列、屏障、束棒、程度的一切作用，起碼在原則上不是暴力、權力、強暴行為。表面上看來，更少具有「實在的」權力，勝過它在技巧上更加「實在」。❹

監視作為罰誡技術，它的使用「必須以檢視作用所限制的機構為前提；技術使觀察成為可能，觀察機器推動權力的實施，相反，強制手段使與自身相符合的手段顯而易見。」⑮各種觀察所在古典時代鋪天蓋地而起。所有人都被納入種種機構的視野之內。到處都有機構、制度、權力、政治和法律的「眼睛」。罰誡監視構成一個嚴密的等級監視網絡；工廠出現監工和工頭；學校出現助教、學生幹部和課代表。人為的監視區域形成十分嚴密的分級監視網絡。這一網絡是宏觀的社會化監視，擁有宏觀權力，而各個具體的機構監視是微觀的區域化監視，擁有微觀權力。

不論是宏觀的社會監視還是微觀的區域監視，都是金字塔式的梯級監視。整個社會是一個巨大的金字塔，其中存在著無數小型金字塔。在每個金字塔內部，上一級及其成員監視或督察下一級及其成員。兵營在所有監視機構中最為典型，是權力的高地，敞視式監獄則是監獄權力（懲罰權力）的代表，這種監獄充分顯示了等級監視的特點並且體現了歐洲的政治烏托邦。兵營與監獄都行使著微觀的政治—法律權力。每個人、每個集團既受制於宏觀權力，又受制於微觀權力；既行使著宏觀權力，又行使著微觀權力。宏觀權力是微觀權力的擴展，微觀權力是宏觀權力的縮影。

懲罰就是懲戒、懲艾、懲治、懲創。懲罰必生恐懼，酷刑的行刑場面，按一定程序展開，慘不忍睹。執行包括酷刑在內的刑罰既然有一定程序，刑罰就是一種技術，一種特殊技術。懲罰標準化是刑罰這一技術的必然要求。標準化懲罰 (sanction) 是《監視與懲罰》

---

⑭　Michel Foucault, *Surveiller et Punir*（《監視與懲罰》），1975, Paris: Editions Gallimard, p. 179。

⑮　見前引書，p. 173。

所提出的另一種罰誡技術。❶標準化懲罰表現在如下幾個方面：⑴
波萊騎士孤兒院裡，每天早晨進行的審判會議都要舉行儀式：所有
學生都列陣鬥毆，被告都要為自己辯護；⑵罰誡成了監獄特殊的懲
罰方法；⑶罰誡懲罰的作用是消除差別，懲罰是為了訓練和矯正，
因此懲罰具有可取之處；⑷懲罰只是獎─懲雙重體系的一個方面，
罰誡確實能夠評價每個受罰者；⑸等級分散具有雙重作用：顯示差
異並把品質和能力分級，獎賞和懲罰。標準懲罰與等級監視一樣是
重要的政治─法律權力手段。懲罰具有一套嚴格的規範。規範體現
在一切領域，諸如學校、醫院、兵營、工廠、監獄等。學生違反考
場規則必導致虛假成績，醫生違規必造成醫療事故，戰士違紀必誤
戰機，工人違規必不安全，罪犯越獄必再犯罪。各個領域的人違紀
犯規，都應受到懲罰。

> 在懲戒權力制度裡，懲罰藝術不涉及抵罪，甚至也不完全關
> 係到鎮壓……持久懲罰滲透到方方面面，時時刻刻控制著懲
> 罰制度，它對這些方面和制度進行比較，區分，分級，一致
> 化，排斥。一句話，它使之「標準化」……一切懲戒機構都
> 產生了一種「規範刑罰」，它在其原則與功能方面不可歸結為
> 傳統法律的刑罰……透過各種各樣的罰誡，規範權力產生
> 了。❶

---

❶ 法語詞 sanction 一詞來自拉丁文 sanctio，有「認可」、「同意」、「懲
罰」、「制裁（處分）」、「必然後果」等意。取「懲罰」和「制裁」之
意，sanction 與 amende, condamnation, répression, pénalité, châtiment,
peine, punition同義。

❶ Michel Foucault, *Surveiller et Punir*（《監視與懲罰》），1975, Paris:

　　隨著標準化教育的建立和規範（師範）學校的創立，規範作為強制原則而被確定起來。規範成了普遍原則，並不是監獄特有的，是塑造社會人的依據。標準化懲罰既是鎮壓又是訓練。鎮壓違規者並把他（她）訓練成標準人（規範人、正常人、守法人）。

　　審訊（訊問、傳訊）是監視與懲罰這兩種技術的結合，因此，它是等級化標準化罰誡技術。《監視與懲罰》將審訊視為等級監視與標準懲罰的結合。

　　醫院（診所）、　學校、兵營、工廠等都是連續、分級、標準的檢查機構，監獄也是一個與它們相類似的檢查機構，但它重在審訊。監獄或法院審訊將知識傳播與權力行使有效地結合起來。罪犯在審訊過程中成為權力與知識的共同對象。審訊居於整個法律程序的中心。「正是它，把分級監視和標準化懲罰結合起來，與此同時，保證了分散、分類、權力及時間的最大限度利用、連續的遺傳積累、最佳才能組成的重要懲戒功能。因此，保障了隔離的、有機的、遺傳的、聯合的個體虛構功能。隨之而起的是這些懲戒儀式化，人們可以用一句話表現出這些懲戒的特點，同時認為它們是一種權力形式。對這些形式而言，個體差異需要具有合理性。」❸

　　在診所裡，「醫生」按照醫學規律對「被查者（病人）」進行「檢查」。醫生行使「檢查權力」，「醫學知識」得以實踐。醫院成了「檢查權力」和「醫學知識」必然結合的領域，而「病人」變成「檢查權力」和「醫學知識」綜合實驗的被動對象。這表明，醫生是主角，病人是配角。同樣，在學校的考場上，教師是主角，學生是配角；在軍事檢閱上，檢閱者（如國王，統帥）是主角，士兵是配角；在

Editions Gallimard, p. 185。

❸　見前引書，p. 194。

法庭上，法官是主角，被告（受審者）是配角；在工廠，工頭是主
角，工人是配角。病人、學生、士兵、被告、工人，這些配角都在
自己的罰誡機構對象化了，淪為權力與知識的被制服者、被支配者
和承受者，是監視、懲罰和審訊的對象，既是知識的對象又是權力
的對象；可是，醫生、教師、檢閱者、法官、工頭，這類主角都在
不同的罰誡機構中主體化了，成為權力與知識的勝利者、決定者和
實踐者，是監視、懲罰和審訊的主人，既是知識的主宰又是權力的
主宰。主角與配角具有兩種完全相異的典型形象，相互轉化——沒
有永久的主角和配角，體現著知識與權力的對立和統一。

　　知識與權力共同按照等級和規範塑造人：醫生—病人，教師—
學生，檢閱者—士兵，法官—被告，工頭—工人。各個微小領域的
特殊權力和特殊知識構成特殊的關係，而整個社會（巨大領域）的
權力和知識形成一般的關係。特殊的關係與一般的關係處於不同的
層面（級）。 無論是特殊關係還是一般關係，都不反映社會的總體
性質和總體關係，而只顯示出社會和各個領域在權力—知識網上所
具有的特徵。

　　診所的「醫學檢查」， 在法院體現為「法律審訊」。 我們在《監
視與懲罰》中發現，診所的「檢查」不僅僅擴展到了法院的「審訊」，
而且延及學校、兵營、工廠乃至整個社會。審訊與監視、懲罰等罰
誡技術大大超出監獄而進入了整個社會。人類正是有了這些技術才
能夠維持正常的生活秩序。到處都有權力（審訊權、監視權、懲罰
權）的「眼睛」， 不同層級和領域的權力眼睛關注的重點範圍是不
同的。特殊領域的權力只有在自身的關注範圍內，才能產生最好的
效果，否則會導致權力的濫用、絕對自由甚至專制。雖然權力到處
存在著，但它是一種限制性支配力量和強制力量。

　　《監視與懲罰》所論「權力」是在監視、懲罰與審訊中展開的，是在與知識的結合中實現的。權力成為技術（工藝），它具有一套有效的策略和嚴格的程序。權力技術（工藝）化是現代歐洲國家（法國社會）的顯著特徵。權力學成為技術學。傅科所揭示的「敞視式監獄」是「技術監獄」，「監獄社會（敞視式社會）」是「技術社會」。《監視與懲罰》是一部「權力的神曲」。針對歐洲傳統的政治觀、法律觀、知識觀和權力觀，傅科改變了習以為常的觀點，提出了新的政治觀、法律觀、知識觀和權力觀，對權力作出了新的理解，為權力確立了技術、實踐和知識的地位。這是傅科超人之處。

第八章　倫理哲學

sexualité（性慾）❶，是傅科哲學的核心術語，與基督教、文

❶　傅科的 *Histoire de la Sexualité* 第1卷，已有三個中譯本：大陸的兩個譯本
　　名為《性史》，臺灣的一個譯本名為《性意識史：第1卷導論》。法文
　　詞 sexualité 有性徵和性慾之意，而英語詞 sexuality 有性徵、性別、性態、
　　性慾、性行為（性交）等多種意義——比法語 sexualité 的意義豐富，
　　很可能，中譯者根據英文版譯出，因此，造成了多種理解和不同譯名，
　　這是問題的一面；另一面表明，傅科欲從多學科多側面研究 sexualité。
　　我們對它的理解和翻譯，必須慎重。作為書名，譯法有異，可以。但
　　據 sexualité 的法語意義和傅科用意，應以「性慾」（或色慾、情慾、肉
　　慾、淫慾、愛慾）來理解 sexualité。談性慾(sexualité)離不開論與之直
　　接相關的主題：性徵、性態、性行為，離不開談 sexe（性——自然之
　　道、性別、女性、性器官），sexe 也有「性慾」之意。可見 sexualité 和
　　sexe 密不可分。在中文文獻裡，性既指性慾又指性別，因此，在不需
　　嚴格區別時，可用「性」理解 sexualié 和 sexe。sexualité 最初出現時間
　　為1838年，比英文詞 sexuality 晚了近40年。sexualité 來自 sexuel 性的或
　　性別的（與 génital 生殖的同義），而 sexuel 出於拉丁詞 sexualis，最初出
　　現時間是1742年；sexe 來自拉丁詞 sexus，時間是12世紀末。sexe, sexuel
　　和 sexualité 最初都是生物學的對象，是純自然的或生物的概念。sexe
　　有性慾的意思，也晚至1889年。至於研究 sexe, sexuel 和 sexualité 的專
　　門科學——sexologie 性學，更晚(出現在1949年)。性學和以 eros(amour
　　情慾、性愛、愛慾)為對象的色情學（érotologie，出現於1890年）並

學、醫學、生物學、性學、精神分析學、倫理學、政治學、法學、人類學、歷史學有著普遍聯繫，涉及如下主題：懺悔、論說（知識）、布置、家庭、癲狂、禁止、禁忌、自由、法律、微懲罰、道德、反常、亂倫、人口、生殖、權力、壓抑、策略、經驗及真理。足見其在歐洲文化中的重要地位。

　　《性慾史》是《癲狂與非理性》的繼續，這說明性慾和癲狂一樣在歐洲文明史上具有重要地位，性慾與思想文化、文明史有著密切聯繫，因此，它不再（起碼不只）是生物概念或自然概念；隨著權力—知識思想的形成、發展以及在監獄研究中的體現，像監視與懲罰進入權力—知識（論說）的世系一樣，性—性慾也跨入這個世系中，與權力再也分不開了，具體體現為性—性慾權力即性—性慾政治。性—性慾一進入權力—知識網絡中，就變得相當複雜。性或性慾問題不是簡單的個體化問題，而是一個複雜的社會化問題。性為各種關係左右，受社會、政治、經濟、宗教、哲學、歷史、文學、醫學等外力影響，又反作用於這些外力。傅科哲學中的「性慾」有著複雜的世系，它產生的實際影響絕不只在生物學、性學、醫學領域，遠遠超出人們的傳統視界。傅科哲學大悖於歐洲舊說，其學術價值正在此。

　　「性慾」一直是人的隱事，更是話題的禁區，不好意思說，不願說，不敢說。面對性，人人感到害羞、神祕、困惑、壓抑、恐懼。因為性成為十足的隱事、禁區，人們不敢正視它並對它說三道四，

　　　　列。色情學研究一切與肉慾相關的現象或主題，與精神分析學密切相
　　　　關；性學探討正常和反常的性現象以及性障礙（錯亂）治療，與生物
　　　　學和醫學直接相關。表示性慾（肉慾）的西文還有 libido, désir, con-
　　　　cupiscence, appétit, passion, chair, flesh等。

所以性神祕產生了。是性神祕，而不是性或性慾本身殘害和扭曲了一代又一代的人。其實，人們正是在性禁區做了許多事情（事業）。性慾，雖尚不是公開的社會的普遍話題，但是私下的個人的話題，是人類真實存在著的普遍現象。性慾作為「現象」並不神祕，但當它成為個體化私事時便轉化為神祕之事。

在歐洲，六、七〇年代興起了一場性解放運動（女權運動與同性戀運動），「我要性解放！」成為這場運動的口號。解放「性」就是要獲得性自由和性（愛）權力，以把握人自身（主體）的命運，解除性困惑。「性慾」明顯成為社會問題和政治問題，不再是簡單的而是複雜的主題。在傅科哲學後期，權力始終是主要論題，傅科卻從不獨立地看待「權力」，而是把權力和具體領域結合在一起。《監視與懲罰》成功地實現了這一結合——懲罰與權力的結合，《性慾史》試圖實現權力與性慾的結合。不管是懲罰權力還是性慾權力，都直接作用於肉體（生物體），都是生物權力或肉體權力，這表明知識（論說）、權力和性慾之間具有內在的邏輯聯繫。在這個意義上看，《性慾史》是《監視與懲罰》的補充和發展。

《知識意志》作為多卷本《性慾史》導言，明確了性問題研究的目的。傅科的目的是藉研究性（慾），來看權力以及權力與知識間的關係，分析人的方方面面（構成性慾的世系）：懺悔、論說（知識）、布置、家庭、癲狂、禁止、禁忌、自由、法律、微懲罰、道德、反常、亂倫、人口、生殖、權力、壓抑、策略、經驗及真理，探索人的基督教、文學、醫學、生物學、性學、精神分析學、倫理學、政治學、法學、人類學、歷史學，討論「人」這個哲學的主體及其在歷史中的演變。這與傅科的其他主題論述的目的相同。「知人論人」是傅科哲學的總目標或總計畫。《性慾史》闡述性慾經驗

如何成為現代歐洲社會的關鍵問題。傅科要建立肉慾主體或性慾經驗系譜學，把人類性意識追溯到基督教傳統和古代希臘哲學。傅科在探索過程中遇到如下幾個基本問題：為什麼有性行為（交媾）?性生活（房事、人事）與性快感為何成為倫理學的對象？性的倫理操心與非性的倫理操心，孰重？孰輕？這些問題與生存藝術或自我技術相關。

在歐洲思想的歷史上，性慾是個備受關注的論題，文獻浩繁。一種人類現象總是在一定社會狀況下演進，也總是在一些文獻檔案（論說材料、知識府庫）裡得到解釋、傳播和發展。「性慾」這一人類現象是社會、文化、藝術的潛動力，通過「性慾」可知社會、文化、藝術的現實情況，透過性慾的文化闡釋可明「性慾」為何物。「性慾」為人類的共同課題。性慾的歷程就是人類的社會、文化及藝術的發展蹤蹟。性觀念的進步標示著人自身的發展與自我意識的覺醒。

肉慾(désir)與愛慾(amour)間的關係就是人（男、女）與生命間的關係嗎？在這一問題上，歐洲哲學家們存有不同的觀點。按亞里斯多德的觀點，肉慾通過快樂（享樂）求至善，善是人的本性的實現，但人必須在理性的指引下才能獲得至善的生活，因此，一切快樂都不是純肉體的。「人人都行樂，但所求之樂各不同。」❷肉慾是人的一種重要本性，但要受到節制，既不可冷漠（如性冷淡）又不能縱慾（如通姦）， 因為只有節制性肉慾才能使人成為有德之人。德性肉慾是恰如其分的，是在縱慾與冷漠兩極端間作出的選擇。有德之人是幸福的，其生活符合萬物求善的總目標。德性肉慾把人帶

---

❷　Aristote, *Ethique à Nicomaque VII, 13*（《尼科馬可倫理學》法文版），
　　Trad. J. Tricot, Paris: Vrin, p. 370。

向機智、真理、自尊、慷慨、勇敢，而不是將人引入粗俗、謬誤、過謙、吝嗇、懦弱或滑稽、浮誇、虛榮、奢侈、魯莽的歧途。這兩種歧途都是有害的。可以說，人是萬物的尺度，而善是萬物（包括人）的目標。人在性慾問題上應當擇善而行。只有善才能有助於人把潛能的肉慾轉化為現實的肉慾體驗，幸福的快樂(plaisir)也才能充分顯示出來。這是亞氏為歐洲人確立起來的崇高的道德信念。

儘管享樂大多有害，甚至絕對有害，亞里斯多德還推崇至善是樂。幸福的生活就是愜意的生活，享樂與幸福交織。當然幸福的人也需要物質的、外在的財產及命運的贈品。貪慾無異於邪惡、墮落、腐化、敗壞，這是反常的、邪惡的行為。我們必須把握住慾望的尺度，不然就會走向曲解和敗壞幸福生活的道路。這說明享樂有毒害人的一面。貪慾者是墮落的人。高尚的享樂是令人嚮往的。

肉慾(cupiditas)，如同食慾，都為人的天性，都為生存的動力。在求樂的層次上，肉慾與食慾有同工異曲之妙，「我從肉慾看出了人的力量、推動力、慾念和意志。」❸我們在《斯賓諾莎文集》裡又讀到：「隨著物愈顯壯麗，人的愛慾愈烈，愛慾源於人對物的呈現和認識。」❹意即，情慾是一種關係，產生於人（主體）與對象（客體）的交往、理解、體會和分析之中。亞氏和斯氏都說，肉慾尋樂。黑格爾說，慾首先表現為生之慾（追求生存、渴望生活），然後才是求慾者之慾，但不是被求者之慾。男女特別是夫妻間的求慾關係，

---

❸ Baruch Spinoza, *Ethique, Troisième partie, Définitions des Sentiments: I*,（《倫理學》法文版）Trad. R. Caillois, 1954, Paris: Pléiade Gallimard, p. 526。

❹ Baruch Spinoza, Œuvres I（《著作I》法文版），Trad. Charles Appuhn, 1964, Paris: Flammarion, p. 99。

表現為求慾意識間的倫理關係。「夫與妻的關係是一個意識承認自己即在另一個意識之中的直接的自我認識和對這種相互承認的認識。」❺法國新黑格爾主義者伊波利特說：「自我意識的條件是別的自我意識的存在：求慾者的慾念不在自己的生命中……慾念應支撐於生命中的慾念之上，它應當存在且被發現。」❻這表明，生外之慾與生內之慾間，存在著相異性。

　　亞里斯多德《尼科馬可倫理學》提出，反對有害而過度的享樂，是節慾者的品行。伊壁鳩魯（Epikouros，前341–前270）在致友人梅內塞(Ménécée)的信上說，享樂是幸福生活的目標和原則，我們應該盡力避免那些損害這一目標的享樂。貪戀色慾（肉體享樂），是災難之源，死亡之根。必須避免災難，才能身心安寧，怡然自得，沒有災難的慾求（享樂）是人的最大幸福。巴塔葉明言，慾念有益也有險，不生恐懼的慾念（性慾）是不存在的。「性慾恐懼和性慾喪失都絲毫未加重恐懼，儘管如此，仍不能讓人明白，性慾以激起情者為標的……淫蕩活動邪惡不淨，排斥性關係時，卻也高尚純潔；但它十分清楚表明了人類行動的準則：如果需要某物，那麼慾念之物耗盡我們的心血，危及我們的生命。」❼巴氏強調了性慾的危險性，充滿可怖感。難以把握的色情變態很不合適，而悠然自在的性慾與之不可同日而語。變態的色情當禁止，自得的性慾可暢通。禁

---

❺　黑格爾：《精神現象學》（下卷），賀麟、王玖興譯，1979，北京：商務印書館，第13頁。

❻　Jean Hyppolite, *Genèse et Structure de la Phénoménologie de l'Esprit*（《精神現象學的產生和結構》），1946, Paris: Aubier, p. 157。

❼　Georges Bataille, *Œuvres Complètes*（《著作全集》），T. VIII, Paris: Les Editions de Minuit, pp. 89–90。

與違禁皆是性慾的運動。禁止好色，讓人遠離反常肉慾而近自在肉
慾；違禁，讓人拋置自在肉慾而親正常肉慾。總之，棄一種性慾而
求另一種性慾。

　　性慾的幸福與痛苦為伴，而情人在把玩情慾遊戲時，往往把一
切痛苦、恐懼、危險都棄於腦後。情人間的潛在慾望往往在祕密的
巧合中得以實現。祕密的巧合表明，情慾遊戲是相當危險的樂事。
激情不拒斥平靜，這種平靜出現在活動、激動、動盪之後，好比暴
風中出現的息靜。情愛的真理（實際情況）需要動盪、激動、強力
乃至暴力行為，情慾本身就是一種強烈的情感。上帝之愛預感到了
人類無限的愛。人類之愛甚於上帝之愛。上帝之愛絕妙神奇，延伸
著人類的愛。絕對的存在（情愛經驗）在虛無的恐懼中延續，但人
無法直接感覺到絕對存在和虛無。

　　精神分析學家弗洛伊德有言：「生殖的性愛極大地滿足了人類
的生存，確實延續著一切人類幸福生活的模式。」　❽在人的性關係
上，人類可以找到幸福，生殖情慾無疑居於生存的中心。性慾與愛
戀都是至福的幻影。這種幻影是極度痛苦的起源。和巴氏一樣，弗
氏沒有排除性愛帶來的不安、危險、墮落、頹廢。在弗氏的思想中，
libido占有一席之地，是個重要的字眼，至少比他發現的「潛意識」
重要。他十分強調libido在人的生活中的重大作用。libido這個字本
是拉丁詞，作為字並非弗氏所造，但作為精神分析學術語則是他在
1920年的發明。libido原意寬泛得多，即指廣泛的「慾」──願望、
想望、慾望、要求、所想之物，當然也包括性慾或肉慾。libido，中
文譯作「里比多」、「力必多」、「利必多」等，弗氏在「性慾」意義

---

❽　Sigmund Freud, *Malaise dans la Civilisation*（《文明的貧困》），Trad.
　　Ch. et J. Odier, 1971, Paris: Presses Universitaires de France, p. 52。

上大加發揮，把它視為人的行動的原動力或推動力。婦女因其需要性愛而建立了文明的基礎，她們維護了家庭和性生活的利益。人類只有適當分配「里比多」才能完成自己的使命。幸福而快樂的性愛，用弄虛作假的辦法是得不到的。性愛無法避免危險。性加壓抑就是性愛，性愛卻永遠無法絕對滿足。處於性愛的男女雙方間需要設置某種障礙，以昇華里比多，提高房事（性交）質量，在一定程度上滿足性慾。

早於亞里斯多德談「性（性慾）」的，是他的老師柏拉圖，柏拉圖又是蘇格拉底的學生。柏拉圖性論文獻有《高爾吉亞篇》（語言哲學、倫理學)、《會飲篇》（形而上學、愛的哲學）、《理想國》（政治哲學、形而上學、認識論）。

《高爾吉亞篇》討論了「性慾」問題。對話者卡利克萊斯與蘇格拉底對性慾之類的享樂各持己見，針鋒相對。卡利克萊斯認為聰明者為自己尋樂，而蘇格拉底認為樂與苦不同於善與惡。在卡氏看來，人不為己尋樂是笨蛋和弱者，節制性慾是懦夫道德，貪慾是強者道德，貪慾就是美德和幸福；蘇氏則把這類「笨蛋」視為「理智者」或「公道者」，貪慾者永遠不能得到滿足和幸福，因為貪慾者成了慾望的奴隸。無所慾便有所幸，有所樂，有所德，有所真。不可以苦樂論善惡，而以貪節別善惡。貪慾者必犧牲大家（公眾）的利益而行不義，不道，不理，成為道德敗壞者。貪與不貪是卡氏和蘇氏間的區別，關涉私人的道德生活與公眾的道德生活。蘇氏作為哲學家（智者），勇於為幸、樂、德、真辯護，頗受人稱道。哲學是關於真理的學問即真誠的思，真誠的思就是美德。哲學家願意也應當為理智、公道及道德殉身。

《會飲篇》表達了如下基本思想：愛是達到絕對（理念）的臺

階，它要盡可能尋覓最高處的東西。至上的愛是有德之人與青年間的愛。肉體之愛屬於世俗，德與知之愛歸於天國。愛是一種和諧原則，對肉體中的敵對因素起著協調作用。對話中的醫生厄律克西馬庫發現，性愛具有雙重性：崇高與不崇高。愛的正反雙重性既反映了人類法則，又表達了自然規律。崇高與不崇高結成敵對的關係，這一關係體現在醫學上就是健康與不健康。醫學主張健康的性愛(情慾)，治療病態的性愛（情慾）。

《理想國》討論的中心問題是正義問題。正義者是能夠協調理智、意志和慾望的人。一個人必須用理智限制意志，支配慾望，否則難以左右人類、國家、世界。情慾是一種暴虐，往往使人變成酒鬼、多情者、狂人。極度的情慾應依法克制或禁止。有節制的慾望是建立理想國的必要條件，而理想國體現了正義。

上列思想家充分論述了「性慾」，此外，還應提及如下思想家（他們都是性慾專家或愛情哲學家）：奧古斯丁 (Aurelius Augustinus, 354–430)、笛卡兒、傅立葉、盧梭、康德、薩德、吉拉爾(René Girard)、布朗肖、沙特、傅科等。其中，傅科在他的《性慾史》裡進一步發展了從古希臘至當代歐洲文化中的性觀念。《性慾史》第二卷《快感的享用》對柏拉圖《會飲篇》作出了經典性梳理，有十七處論述到《會飲篇》的性愛觀念。

「節制性慾」，是通向「真理之門」的必要途徑。性行為的倫理本體論不同於慾望本體論，不是確定行為規則的自然本體論，而是結合行為、享樂和慾望的力量本體論。性行為早已成為希臘道德實踐的領域。行為、享樂和慾望形成阿芙洛狄西亞(aphrodisia)的倫理經驗（簡稱為「阿芙洛狄西亞經驗」）。

《快感的享用》詳細闡述了古代希臘性道德的對象——阿芙洛

狄西亞。所謂阿芙洛狄西亞，是指阿芙洛狄蒂（Aphroditê，愛情與生殖的希臘女神）的作品和行為，泛指愛情（慾）享用、性關係、肉慾行為、肉感、肉（性）慾、交媾、性刺激等。阿芙洛狄西亞在希臘文中含義十分豐富，無法在法語裡找到一個與之含義相同的詞。法語sexualité無法道盡aprodisia的含義。❾因此，傳科在《快感的享用》中直接運用希臘文原詞aphrodisia。阿芙洛狄西亞來自阿芙洛狄蒂，即愛情和生殖的女神，這說明，希臘人心中的「快感享用」是愛情與生殖的結合。生殖進入愛情，使愛情具有家庭（婚姻、家政）的功能。禁慾和縱慾都有害身體健康，影響壽延，因此應當節制性慾。知道節慾是人的智慧。因而，性倫理關涉三大主要論題：養生、家政和愛情。節制性慾不僅僅表現在養生和家政方面，更主要表現在純粹的愛情上。純粹的愛情沒有養生和家政的約束。在希臘時代，純粹的愛情主要指男人之間（成年男子與少男），而不是男女之間。男人之間的愛戀往往披著「友誼」的外衣。友誼關係比同性戀好聽，更被人（公眾）接受。同性戀把愛情與生殖分開，在這裡，性慾絕不等於（不導致）生殖，而異性性慾常常導致生殖(生育)。同性戀的目的只是追求另一種慾（快感），而異性戀不只是追求快感，而且追求生殖。異性戀本是一半男臉與一半女臉的結合，同性戀則是男女角色同身的表現，是男女尋找各自丟失的另一半臉，是應為之事。

　　對一個成年男子言，其節慾體現在四個主要方面：與自己肉體（男身）的關係、與自己妻子的關係、與少男的關係、與真理的關係。對一個成年女子來說，其節慾同樣表現在四個方面：與自己肉

----

❾　在英語和中譯中也找不到與之完全對等的詞。中譯時最省事的辦法，是音譯或直接運用希臘原文。

體（女身）的關係、與自己丈夫的關係、與少女的關係、與真理的關係。男、女各自構成一個巨大的愛的領域。人有四種主要的愛：愛己身、愛妻（夫）、愛少男（少女）、愛真理。己身、妻（夫）、少男（少女）、 真理，都只是愛的物品，都可能成為放蕩者的獵物或奢侈品。愛是需要節制的。有節制的愛是符合倫理要求的，是道德的。禁慾和放縱都是不道德的。節愛即善、美、真，否則，愛變成惡、醜、假。有節制的愛是柔情，縱慾和禁慾是冷酷和粗暴。傅科通過色諾芬（Xenophanes，約前565–約前473）、柏拉圖和亞里斯多德的著作來論述關於阿芙洛狄西亞的思想。阿芙洛狄西亞是道德關切領域。

我們在《快感的享用》裡讀到：傅科主要考察四個概念：倫理內容、支配類型、控制、節慾與智慧，它們分別屬於本體論、反本體論、禁慾論和目的論。❿可以看出傅科要解決的問題：性慾享用的道德經驗問題。《快感的享用》論述的，是性道德，而不是愛慾、友誼和性關係本身。傅科關注的，是性慾引起的道德問題和自我關切的技術（享用快感的藝術）。如果僅僅談論性慾，就會令人厭煩。柏拉圖試圖融合男子間的愛慾和友誼，但必須排除性關係，因為友誼與性關係相悖。在古希臘的性倫理關係上，如果人與人之間有了純潔的友誼，便難以發生性關係。

柏拉圖為傅科要闡述的「自我關切」⓫提供了有力的證據，柏拉圖本人成為希臘時代「自我關切」的證人。「自我關切」是「認識自己」在性生存空間上的落實、運用、表現或表達。人貴在「認

---

❿ Michel Foucault, *L'Usage des Plaisirs*（《快感的享用》）, 1984, Paris: Editions Gallimard, p. 45。

⓫ 傅科以「自我關切(souci de soi)」為《性慾史》第3卷書名。

識自己(Connais-toi toi-même, connaissance de soi)」，亦在「自我關切(Soucies de toi toi-même, souci de soi)」。認識，意味著知道、理解力、知覺、相識和學識。關切，意味著憂慮、擔心、操心、掛慮、不安以及著急。人是認識中人，也是關切中人。人是隨時隨地需要認識與關切的在者，也是非常懂得認識與關切的在者。人處於認識、關切、再認識、再關切……的無窮循環之中。達到個體化的自我認識，是人所嚮往的目標，愛的一切努力正好與這一目標相一致，**⓬**即是說，自我認識與自我關切殊途同歸。認識論與倫理學相統一，知識與實踐相一致。「認識你自己」是「關心你自己」的理論前提，「關心你自己」是「認識你自己」的具體表現。傅科對性的倫理學探索，實現了認識論與倫理學的統一、認識（知）與實踐（行）的統一，同時，傅科後期哲學從「認識你自己」轉向了「關心你自己」，順理成章。這一轉向，是從認識論到倫理學的轉變，是從認識（知識、論說）到實踐（知識實踐、道德實踐）的轉移。

傅科對《會飲篇》的「情愛」這一傳統論題進行了重新梳理。如果希臘人之愛的基礎在自由條件而非禁止（禁慾）， 小伙子（少男）間的情愛則加深了倫理學的內在矛盾。小伙子成為合法情愛的對象，也是自由人，作為城邦居民和一家之主，追求自由是他的天性。《快感的享用》分析了道德的兩個對立面：積極性慾與消極性慾，正常性慾與反常性慾（如同性性慾）。《會飲篇》的本義是以真正的情愛取代形形色色的艷情技巧（生存藝術）， 傅科進而認為，柏拉圖用真理和禁慾代替法庭和恐懼。可見，傅科把真正的情愛中的「真正」轉化為「真理」， 並且在系譜學的指導下將真理與情愛

⓬　Yvon Brès, *La Souffrance et le Tragique* （《痛苦與悲劇》）, 1992, Paris: Presses Universitaires de France, p. 137。

（性慾）相結合，探討愛與真之間的關係。這是傅科對「求真意志」的進一步落實。傅科將「性慾」視為「經驗」。 性慾的歷史就是經驗的歷史或性慾經驗的歷史。

　　傅科對「性慾真理」的系譜學分析，是他總的真理史研究的一部分。知識、權力和性慾是傅科哲學的三大主題，構成三大軸心或三大圓拱，相互貫通。權力經驗和性慾經驗是知識進入制度與實踐兩大領域後而獲得的對象，亦是知識實踐（論說實踐）的具體化。在性慾經驗中，傅科發現了主體（人）生存（活著）的真理（真實狀況）。主體是性慾人（慾望者），❸性慾是人（主體）的性慾，因此，關於性慾的系譜學研究就是對具有性慾的人的探索，性慾史就是人的歷史、性慾人的歷史或慾望者的歷史。性慾問題歸根結底是人（個人─人類）的問題。分析性慾的難度有多大，研究人的難度就會有多大。性慾是難的，人也是難的；愛是永恆的主題，人也是永恆的主題。《性慾史》是歐洲人的系譜學，是歐洲人難念的經。可見，人的問題始終困惑著傅科及其同代人與前賢。

　　傅科強調性慾與真理的關係，性慾遊戲(jeu de la sexualité) 就是真理遊戲(jeu de la vérité)。❹性慾或房事（性生活、性行為）是講真話的途徑，人在性領域獲得了講真話的場所或空間。性慾可以讓人透露真情（實情）。 傅科在性慾中發現了真理，建立了真理與性慾間的關係。這是傅科的學術貢獻。傅科的目的是讓人說話而不是使人沈默（住嘴）。 自基督教懺悔到今日，性一直是懺悔的優先內容。關於性問題，有許多真實的文獻檔案或供詞 (aveu)。在古希

❸　Michel Foucault, *L'Usage des Plaisirs* (《 快感的享用》)， 1984, Paris: Editions Gallimard, p. 12。

❹　見前引書，p. 12。

臘，真理與性相互聯繫，性是知識啟蒙的基礎。在當代，個人的祕密供詞將真理與性結合起來，真理是性與情感意志的基礎。**⓯**

　　思考真理是傅科一生的追求，歷史探索就是關於真理的歷史探索。可以說，「真理史(histoire de la vérité)」是傅科全部著作的總題。真理遊戲就是真與假的遊戲。真理遊戲分析成為思想（探索）經驗或真理實踐。對真理的哲學反思成為歷史實踐，即真理史的論說實踐。歷史是說或寫出來的歷史，真理是說或寫出來的真理。哲學家面對歷史和真理，不能沈默，必須說或寫出來。歷史與真理如何發生聯繫呢？傅科認為，真理不是某個對象的真理，而是消除錯誤的發明（發現）。即使是科學真理，也不是一成不變的。牛頓(Isaac Newton, 1642–1727)繼承了笛卡兒，愛因斯坦(Albert Einstein, 1879–1955)又繼承了牛頓。科學史並不敘述錯誤到真理的連續性過渡或轉換，但記載真理系列。因此，真理與歷史相互聯繫。科學在歷史中存其「真」。真理的歷史研究又是真理的哲學反思。

　　性（性慾）、權力、知識、知識圖式、癲狂等論題，都反映了人的真實狀況，都是真理的具體體現，都被傅科作為對象記入歷史之中。這些主題都是傅科在傳統中發現出來的。可見，傅科的哲學生活具有古典特色。傅科面對當時的歐洲（特別是法國）氣候，將「權力」引入自己的哲學框架中，**⓰**因此，後期傅科哲學是一種政治哲學或權力哲學。性問題也變成政治問題或權力問題，性與權發

⓯　　Michel Foucault, *La Volonté de Savoir*（《知識意志》），1976, Paris: Editions Gallimard, p. 82。

⓰　　傅科第一次思考權力問題，是1971年，可在1971年發表的〈尼采、系譜學和歷史學〉一文中找到。很明顯，法國「五月風暴」直接促成了傅科權力思想的形成。

生了千絲萬縷的聯繫，性解放是性政治或性權力的具體表現。性解放的矛頭直指「家庭束縛」、「父權專橫」、「性道德壓抑」。人類為性問題付出了很大的代價，但始終受到壓抑，擺脫不了性壓抑的苦悶。性解放的過程就是反性壓抑的過程。性不是一個簡單的話題，不只是個人的生活內容，還是社會生活的存在基礎。傅科想通過性（性慾）的真相（真理）看出政治問題。「性慾」是個「細微處」見「宏大」的代表性論題。

　　在性（性慾）中尋找真理，有兩種途徑：一是藝術，即愛情的藝術（ars erotica, art érotique，愛術），一是科學，即性的科學（scientia sexualis, science sexuelle，性科學），相當於性學（sexologie，性知識）。這兩種途徑也是認識「性」的方法。愛術起源於東方，性科學產生於歐洲。東方人將愛情（性愛）作為藝術、技術的對象，愛情藝術化。人根據愛術直接在快感中找到真理。愛術，在中國，叫做「房中術」、「交接經」。愛術就是一種性愛的辦法、技藝、技巧、技術。採取師傳徒、父傳子、母傳女、醫生傳病人等形式，使愛情藝術延續下去，在這方面有各種各樣的文獻流傳世間（如中國的家訓、房中書）。歐洲沒有東方的愛術，而是性科學，這又是東方所缺的。性成為科學或知識的對象，性被科學化，以一系列規範、法律和權力為基礎。歐洲人試圖在性中發現真理。性以科學（知識）的形式表現出來。

　　歐洲教堂特有的懺悔是性科學的實踐，是達到真理的通道。人在懺悔的過程中吐露真情，透露祕密，發洩性的慾望。懺悔者在教堂述罪，意味著創造性慾，坦白自己的祕密（真相），同時也是反壓抑反禁慾。懺悔中既有痛苦又有快感。懺悔的過程就是求真的過程，懺悔意志就是求真意志。人在性科學的指導下變成懺悔的動物。

因此，懺悔成了求真的途徑，把真理與性慾結合起來。人在教堂懺悔受到良心的指引，進而跨入道德領域。因此，人是個具有罪感和快感的道德主體。

　　對傅科來說，研究性慾是一項具有危險性的事業，是一種自我犧牲。性慾和癲狂、死亡、罪行一樣是傅科論述得最充分的主題。傅科試圖揭示性慾在基督教文化中何以成為主體性的「地震儀」。他把「性慾」比作「地震儀」，說明性慾可以測定主體（人）內部發生的變動程度。基督教文化建立了性慾與主體性間的關係。性慾在歐洲基督教文化中有著重要意義。

　　性所引起的社會的和個人的倫理關係，在歐洲的人類學和歷史學上有著自身的演進過程。性生活或性行為不僅與文明相關，而且與社會有關，因此，必須制定一系列關於性生活或性行為的道德規範、宗教守則、法律準則。對早期猶太人來說，通姦是被禁止的。在近東古代母系宗教社會，性生活是神祕的。古希臘人則認為，性行為是一種享樂。到了西元前 500 年左右，無論是對希臘人還是對猶太人來說，肉體成為不潔之物，性快感有罪。中古時代，性生活遭到反對，即使夫妻間的性快感也是有罪的，婚姻性交媾只是出於生育後代的需要。文藝復興時代，歐洲人想成為自由人，追求自然的情慾，性行為是自然的事情。

　　直到十九世紀的美國，人們主張戀愛自由，婦女平等；但好景不長，很快被維多利亞時代的僵化道德規範取代；認為女人沒有性慾，男人應當禁慾。❼性慾諱莫如深，移入家中，走進雙親之室，性行為成為床上事。家主要是生育重地而非慾樂（快感享用）中心。

────────

❼　參見 Nass, Libby 和 Fisher,《性知識精華》，程嘉驥等編譯，1994，廣州：暨南大學出版社，1994年版，第4–7頁。

談性成為竊竊私語，並且規矩、純潔。❶時至二十世紀（特別是六
〇年代末七〇年代初），歐洲人掀起了一場「性解放運動」。性(性慾)
和性行為遠不只是社會問題和倫理問題，更是政治問題，戴著越來
越沈重的政治、權力的枷鎖，越來越擺脫不了政治和權力。

　　早在五〇年代初，傅科就開始思考「性慾」這一論題。1954年
在為班斯旺熱《夢與在》法文版作的序中，傅科便研究了性慾問題。
但成書卻遲至1976年的《性慾史》第一卷《知識意志》，又過八年
出第二、三卷。這八年間，傅科沒有出版其他任何著作，一直埋首
於古代文獻中，潛心研究性問題。傅科為性付出了他晚年的全部精
力。這不僅與傅科的理論計畫有關，而且和傅科的知識準備與自身
的同性戀相關。性困惑一直干擾著傅科的日常生活和學術工作。性
不僅是一般人的禁區，也是哲學家傅科的禁區。一般人難以言談，
傅科本人也難以提筆敘述透露個人祕密，總是以論說（書文）來曲
折地表達自己的同性戀經驗。同性戀被世人譏為醜事。❶性慾是最
難說和寫的事。性（慾）是難的。哪裡有性慾，哪裡就有困難。無
疑，性慾始終是傅科很想研究和感興趣的論題，又很想精闢地論述。
這樣的論題，又往往一再推遲而置於生命後期，可是歲月不居，時
節如流；臨淵羨魚，退而難圓結網之夢。

　　傅科病魔纏身，來日苦短，心力不濟，計畫中的《性慾史》未

---

❶　Michel Foucault, *La Volonté de Savoir*（《知識意志》），1976, Paris:
　　Editions Gallimard, pp. 9–10。

❶　傅科死於SIDA（愛滋病），他姐姐要求塗掉病歷上「SIDA」字樣，法
　　國電臺和電視臺發布的訃告同樣掩蓋了傅科的真正死因。公告真情，
　　公眾就會認為傅科死得不體面。愛滋病成為歐洲的時髦瘟疫（後現代
　　病?），給人類帶來巨大恐懼，也讓人羞恥。

能完成，已出的第二、三卷與第一卷相去甚遠，且草草定稿。儘管如此，《性慾史》仍是傅科的代表作，因為它是傅科哲學的三大領域之一，即性倫理領域。❷傅科最後集中精力研究性問題，這是反觀主體的思想行為，從哲學關切轉向了倫理關切，更親近自我經驗，重視個人問題及個人在倫理關係中的作用。傅科的性困惑也是當代社會人的困惑。性問題是當代社會，特別是六〇年代以後的歐洲社會的大問題。性觀念在很大程度上反映當代社會的思想內容和思想特徵。可以說，傅科《性慾史》的問世，正當其時。這是他對尼采主義的繼承和發展，而且體現了尼采哲學的本質，也更貼近個體的自我體驗。

　　傅科是法國尼采主義的代表人物，傅科哲學是尼采與他自己風格的會通，這說明傅科不是在法國簡單地傳播尼采主義，而是大大發展了尼采主義。《詞與物》關注人類大經驗，從尼采的「上帝死亡」導出了「人的死亡」，抓住了尼采的「死亡觀」；《性慾史》重視個人小經驗，回到這個「已死亡的人」之上，從尼采的「意志」概念出發書寫人的歷史或主體的歷史，把人作為私人生活（個人慾望體驗）的動物，加以倫理學的自我關切，重估私人生活的價值。傅科看到了倫理規範施於個體生存的有效性和實用性。《性慾史》第一卷書名《知識意志》(*La Volonté de Savoir*)直接來自尼采的《權力意志》(*La Volonté de Puissance, Wille zur acht*)。傅科十分景仰尼采，是尼采哲學的擁護者。求知意志的目的是求真，關切自我的目的是關切真理，因此，求知意志體現為求真意志，關切真理又體現為關切知識，求真與求慾相一致。性（性慾）分析是一項需要長

---

❷　《性慾史》第二、三卷險些被毀掉，今日能刊行，是很值得重視和研究的。

期努力的工作。傅科希望，在該項持久的研究中，不斷地修正自己的學術觀點，不斷在理論上進行反思、發現，不斷變化自己的學術思想。

　　《知識意志》本是《性慾史》的總序，卻到寫《快感的享用》時，傅科的學術觀點確有變化，打算按新的形式來寫《性慾史》第二、三、四卷。《快感的享用》有一個長長的引言，該引言應為這三卷的序言。總之，傅科要下決心把《性慾史》寫好，可見，他非常看重「性（性慾）」這一重大課題。傅科並不是要寫一部歐洲社會的性行為史，而是回答「性行為如何成為知識對象？」這一問題，闡述性知識在不同領域（宗教、教育、醫學、作用於個體的強權）的演變狀況，論述性慾的祕密且危險的力量。性慾與權力、知識之間具有密切的關係。傅科認為，性和性慾是兩個非常棘手的相鄰概念，不過，性慾更加重要。

　　傅科的《性慾史》，從尼采道德系譜學出發，進一步闡述道德（性倫理）問題，建立道德關係同非道德關係間的聯繫，尋找權力和性慾的細枝末節、差異、產生和偶然性，重視歷史事件的演變關係，揭露權力和知識、權力和性慾之間的祕密。傅科試圖對性慾進行系譜分析。系譜學以知識為中介對權力和性慾的探索，目的不是像歷史學家一樣追尋它們的起源──「起源」成了歷史學家的情結症，而是澄清近代歐洲社會的犯罪、性變態等人類奇異現象究竟是如何出現的，提供解釋性分析──揭示這些奇異現象的明確意義和演變關係，診斷近代歐洲社會的權力和性慾及其引起的政治關係與道德關係。

第九章　傅科哲學的歷史地位與影響

　　自歐洲哲學產生以來，沒有一種哲學像傅科哲學那樣看重人類奇異現象（癲狂、疾病、同性戀等）。傅科哲學的真正意義，在於他第一次將被傳統哲學荒廢的奇異現象引入哲學，大大拓開了哲學的領域。這些奇異現象，依傳統的眼光看，是冷僻而微末的，居於僕從地位，構成的問題也是次要的；然而，通過傅科的發現，我們得以知道，它們在人類文明至少在歐洲文化中顯得相當重要了，成為傅科哲學的中心問題。這是傅科努力克服傳統哲學的結果。他做出了劃時代的貢獻。

　　傅科關注奇異現象的目的，在於反尋常現象的專制體系，主張奇異現象能在奇異現象和尋常現象共同構成的世界裡，有權支配它應當控制的東西，又能合理對待尋常現象。傅科發出了另一種語聲，踩出了另一條大道，用奇異現象哲學坦露了自身固有的苦悶（自我憂慮、肉體憂慮、靈魂憂慮）。傅科在奇異現象中看出了真理——真理的光芒在奇異現象中閃爍，見到了自己的真相和人類的真理，建立了真理與奇異現象間的內在關係。這是傅科的學術貢獻。奇異現象是一面鏡子，逼真的傅科活動在這面鏡子裡。傅科的奇異現象探索具有自傳色彩，他是自己的叛徒。

　　應該說，關於奇異現象，傅科尚有千言萬語要說，卻因過早撒

手塵寰遺留下了諸多問題，中止了許多研究計畫。下列主題是傅科提到卻未能充分探索的主題（這是今天的傅科專家十分重要的闡釋任務），如匿名(anonymat)，供詞(aveu)，生物政治(bio-politique)，生物權力(bio-pouvoir)，真理勇氣(courage de vérité)，危險性(dangerosité)，域外(dehors)，色情(érotisme)，外在性(extériorité)，假象(fiction)，統治性(gouvernementalité)，自我統治(gouvernement de soi)，無形(incorporel)，同構現象(isomorphisme)，司法權(juridiction)，自由主義(libéralisme)，醫療事業的普及(médicalisation)，鏡子(miroir)，怨聲(murmure)，夢想(mythe)，標準化(normalisation)，客觀化(objectivation)，繪畫(peinture)，褶子(pli)，人口(population)，後現代性(post-modernité)，精神病權力(pouvoir psychiatrique)，暴動(révolte)，安全(sécurité)，開端(seuil)，懲罰社會(société punitive)，自我(soi)，巫術(sorcellerie)，關切(souci)，造反(soulévement)，主觀化(subjectivation)，自殺(suicide)，恐懼(terreur)，國土(territoire)，真實化(véridiction)，可見的(visible)，等等。

　　我們還要重視國際傅科學界正在討論的問題。據巴黎傅科中心通訊可知，目前，國外傅科專家所談論的課題主要有：〈理性與語言〉，〈傅科論主體性〉，〈身體倫理學〉，〈傅科與哈伯馬斯〉，〈傅科，尼采與海德格〉，〈傅科與結構主義〉，〈傅科哲學與生物學、醫學〉，〈傅科與法國年鑑學派〉，〈傅科與神學〉，〈傅科與精神分析〉，〈傅科與文學（布朗肖、巴塔葉、萊利)〉，〈傅科政治學〉，〈傅科法學〉，〈傅科論懲罰權力〉，〈傅科論社會政治〉，〈自我美學(生活風格論)〉，〈生物權力（公共衛生、生物倫理、醫學、技藝)〉，〈可見性空間與陳述領域〉，〈統治性研究〉，〈傅科的科學理性考古學〉，〈自我技術〉，〈保衛社會〉，〈文學與知識圖式〉，〈文學與性

慾〉，〈文學與權力〉，〈文學與解放〉，〈對現實社會主義的權力分析〉，〈自我統治與他人統治──社會統治〉，〈局部實踐與真理關切〉……，這些課題為中國學者提供了有益參考。可見，國外專家對傅科展開了全方位的研究，傅科的影響的確在逐步擴大。

雖然傅科未竟自己的哲學事業，但是他努力匯合思想與生活，為歐洲當代哲學刻下一道深深的歷史性蹤蹟，圓滿完成了早年預定的學術計畫。通過對傅科哲學的研究，我們獲得了奇異現象概念和尋常現象概念，完全有理由對哲學進行重新分類，即是說，研究奇異現象的，叫「奇異現象哲學」，研究尋常現象的，叫「尋常現象哲學」。當然，這一分類無意排斥通常的做法，只是方法和角度不同罷了。如果把奇異現象歸入非理性領域，那麼奇異現象哲學又叫作非理性哲學──關於非理性的哲學──對非理性領域的理性沈思；如果把尋常現象歸入理性領域，那麼尋常現象哲學又叫作理性哲學──關於理性的哲學──對理性領域的理性沈思。在哲學天地，我們擁有兩種理性沈思。一個「世界」，兩大「體系」。傅科顯然走的是前一條路，作了一次新的哲學研究嘗試。

「什麼是哲學？當涉及奇異現象時，哲學又意味著什麼？」應當是相當重要的問題。實際上，奇異現象並不是隱晦的、暗淡的，而是顯現的、通明的。對奇異現象的哲學反思，是一種「現象學」或「顯現學」。在哲學上，如果我們仍然不重視思索奇異現象，那麼傅科哲學是可以消失的，否則，我們不能不隨時隨地想起傅科及其著作。我們主張，走向傅科。傅科是一位奇異的哲學旅行家，留下的蹤蹟是個奇異的思想旅程。他的革命性探索，完全是一種可怕的風險投資。

歐洲哲學是綿延千里的群山，哲賢雲集，智慧重疊。人類思維

在發展，這群山必會繼續伸展。如果康德哲學是歐洲哲學史上一座高峰，那麼，傅科哲學無疑是其中又一座高峰。如果說，康德哲學是一種「自然理性批判」，那麼，不妨將傅科哲學稱為「人文理性批判」。

康德和尼采直接影響著傅科；傅科考古哲學是康德批判哲學的翻版，是一種新康德主義——傅科是一位新康德主義者；傅科系譜哲學是尼采系譜哲學的翻版，是一種新尼采主義——傅科也是一位新尼采主義者；但就哲學的對象和精神來說，它們有著根本區別。他早期的精神病思想是班斯旺熱精神分析的深化和發展。他的早期著作已擬定出了他哲學的基本概念。他早年對奇異現象的探索，標明和傳統的哲學甚至心理學不同，已暗示了通向考古學而系譜學之路。同時，我們也應當注意到，傅科並沒有脫離歐洲傳統的思想史和哲學史，而是在批判、繼承和研究歷史留下來的主題（如思維、存在、理性、經驗、人、主體、客體、真理、知識、權力）中建立自己的哲學體系。不管怎樣，傅科哲學仍是歐洲傳統哲學的揚棄性延續，他本人仍是一位歐洲的哲學家，當然是現代的，甚至是當代的或後現代的，而不是古典的。由於傅科學術思想的複雜性和研究領域的多樣性，因而他完全可身兼「數職」，是一位多學科的融合貫通者。

傅科死後，1986年，他的師友和追隨者在巴黎成立了傅科中心。該中心經常舉辦國際傅科討論會，編輯出版有關傅科的文獻（如1994年印行傅科文集四卷《說與寫1954-1988》），現已發展成為一個國際性學術團體，已成為研究和傳播傅科哲學的重鎮。我們完全相信，傅科哲學將越來越受到重視。

傅科孜孜不倦探索、創新的學術精神和注重研究方法的建構，

是一筆十分寶貴的財富，對我們有著重要啟示，值得我們認真總結、批判與借鑒。我們應當承認，傅科把自己豐富的思維、絕世的才華化入哲學，為二十世紀歐洲哲學增添了一抹奇麗而燦爛的光彩。在法國，傅科哲學的影響，大大超出了哲學界，震動了文學界、歷史學界甚至整個思想界；也遠遠超出了法國，轟動了整個歐洲；也越出了他所生活的時代，死後的影響更加深遠，研究他思想的學者日益遞增。總之，他的學說具有世界意義。傅科在法國學壇如此光耀奪目，不僅與他的生活及其探討的新穎方法和獨特主題相關，而且與以他為代表的後現代思想家反歐洲傳統哲學和理性主義的理論傾向相關。傅科致力於解構歷史，但不主張一筆勾銷，而是宣布傳統思想史從此打住。必須通過考古學和系譜學重新審查思想史，恢復思想史的本來面目，從而使「人」這一主體擺脫思想史。傅科考古學與系譜學的意義在於給我們如下啟示：

　　第一、在歐洲哲學史上，長期占統治地位的是「理性」、「共同時尚」、「大一統」等傳統觀念。「全體性」、「連續性」、「起源性」等史學概念，也獨游於思想的歷史長河，但是，與它們相對立的「非理性」、「多元化時尚」、「有限性」、「間斷性」、「併合性」概念，在傳統思想史裡沒有席位。人們總是頌揚「理性」，貶抑「非理性」。這樣，「非理性」被「理性」取代，這被看作是理所當然的事情。經過二十世紀哲學家（包括傅科）的努力，「非理性」、「間斷性」等概念被當作知識的主題加以討論。它們在知識體系裡獲得了一些合法的地盤。因為「非理性」、「間斷性」等被壓制過久，一旦出現在我們的論說體系裡就表現出消除「傳統」、「理性」、「連續性」的姿態，所以走到了另一個極端：武斷宣布「傳統結束」、「歷史終結」、「理性完結」、「上帝死了」、「人死了」。令一切傳統主義者無

法接受。傅科的工作提示了我們，與「理性」一樣，「非理性」既然是實然存在著的「現象」，　就應當成為知識的研究主題，進而探尋其基礎、結構、趨向和本質；或者說，「理性」和「非理性」同生，「理性論」與「非理性論」並存。我們應該具有批判態度和寬容態度。我們承認「非理性」的存在並對它進行研究，這有助於進一步分析「理性」，展示「理性」的輝煌。

第二、傅科啟示著我們，哲學家、思想家、歷史學家、科學家在研究核心主題的同時，應當不斷重視「歷史觀」和「方法論」的重建和創造。傅科考古學和系譜學屬於這種「重建」和「創造」的成果，同時說明傳統的「哲學和歷史」方法暴露出無法克服的困難，因為它們不再適合於有關「非理性」、「間斷性」等概念的研究。這樣，傅科在很大程度上毀滅了傳統哲學的理性大廈，原來起支配作用的一元理性被多元化個體化。因此，他的思想打上了明顯而深刻的極度個人化印蹟。

第三、傅科的方法無疑是後現代的。他明確宣言：「解構史學」、「人死了」、「中心不在了」、「人文科學根本不是科學」。他試圖重新評估人及人文科學的意義和價值，並且處處以非常規性方式審視傳統思想史，建構新的哲學生活模式。傅科的生活具有「終極體驗」（奇異體驗）特徵，也許他的「非常規性思維」是一種哲學的「終極體驗」。　他的研究方法異於傳統方法，即「觀念敘述」取代了「現實的歷史敘述」，　研究內容轉向了從觀念到觀念、從思想到思想、從典籍到典籍。在某種意義上說，考古學的檔案觀為這種轉向提供了可能性和現實性，因為「檔案」在本質上畢竟不是現實或實物，而是觀念、思想或典籍的集合。可見，後現代主義就是新現代主義，反映了二十世紀後半葉的時代特徵，在今天日益盛行。

作為後現代主義代表的傅科主義，必將對當代和後世的文化產生深遠的影響，我們絕不可低估其作用和影響。

傅科對知識進行考古學研究，其目的是為了重新審視當代歐洲文化及其歷史命運。知識考古學不是一門科學。傅科明確指出：「確切地說，我從來沒將考古學作為科學，甚至也沒把它作為未來科學的首要根據。」❶ 這表明，考古學現在不是科學，將來也不會成為科學；它是一種思想史批判或考古認識論，一門知識，一種嚴密而規則的方法；它擁有一定的對象，闡述一個時代的論說的規範性、規範化形式和知識構成規則。傅科試圖對知識進行具體探索。

考古學具有自己的特殊層面，即陳述和檔案；它有著確定的領域，即陳述的規則性和檔案的基礎性；它論述檔案構成規則、考古派生及歷史先天性。它與制定考古知識規範的科學相聯繫，即是說，它研究科學—對象，即以「科學」為研究對象，追尋科學產生的可能性條件或基礎性條件，如病理解剖學、語史學、政治經濟學、生物學等。雖然考古學在層面、領域和方法等角度上，與科學的分析形式不同，但也與之相關。在眾多已說出的事情上，考古學一方面反對詞語性能的創造功能，一方面擺脫富有語言力量的研究。為了確定陳述創造的條件，傅科試圖建立一些構成規則。詞語的創造功能分析和語言力量分析既相類似又相區別。「不管怎樣，就考古學而言，生成語法起著邊緣分析的作用。」❷

綜上所論，對歐洲思想史的探索，傅科找到了新的理路，與傳統史學方法截然不同。為此，傅科在《知識考古學》中進一步明確

---

❶　Michel Foucault, *L'Archéologie du Savoir*（《知識考古學》），1969, Paris: Editions Gallimard, p. 269。

❷　見前引書，p. 270。

了自己的治學信念。他認為，實際上，傳統思想史分析「觀點」甚於「知識」，分析「錯誤」甚於「真理」，分析「思想形式」甚於「心理類型」；❸知識考古學與傳統思想史完全對立，因為「知識」、「真理」和「思想形式」這些思想史的次要概念，成為考古學的主要論題，但是這並不意味著「觀點」、「錯誤」和「心理類型」被考古學絕對排斥，而是構成考古學的相當次要的對象。明確地說，知識考古學與傳統思想史各有不同的研究重點，相異而並存。在考古學層面上，知識與觀點、真理與錯誤、思想形式與心理類型之間相互交織，它們構成紛繁複雜的文化檔案庫。應當說，這個信念把他與一般歷史學家區別開來，也與他追求人之「實」是完全符合的。人的實在性正是「我思」的歷史先天性或基礎性。傅科在其考古學信念指引下發現了「我思」的內層秩序：不同時代的知識圖式間存在著轉換關係和斷裂關係。《詞與物》實現了對知識圖式的「轉換」與「斷裂」分析。這是對傅科考古學信念的最好印證。

　　傅科考古學不是一門學科，而是確定了研究領域：知識、哲學思想、制度、實踐、道德等等。這些領域都與經驗有關，它們之間有著內在的一致性（承繼性）和根本的區別（斷裂性）。❹作為知識，考古學不同於科學著作、哲學理論和宗教證據所涵括的認識。「考古學」進入「哲學」的視界，始自康德。在康德〈自萊布尼茨和沃爾夫時代以來德國形而上學的進展〉一文（作於1793年，發於1804

---

❸　參見 Michel Foucault, *L'Archéologie du Savoir*（《知識考古學》），1969, Paris: Editions Gallimard, p. 179。

❹　參見Michel Foucault, "Titres et Travaux"（〈題目與工作〉）, in Foucault, *Dits et Ecrits 1954–1988* (tome I)（《說與寫 1954–1988》第 1卷）, 1994, Paris: Editions Gallimard, p. 843。

年）中，傅科找到了證據：

> 關於哲學的哲學史本身是可能的，這種可能不是歷史上或經
> 驗上的，而是合理的（即先天性的）。儘管哲學史建立了理性
> 事實，還不是它從歷史敘述中借用的理性事實，而是以哲學
> 考古學的名義，在人類理性本質層面上獲得了這些事實。❺

　　這一證據大大有助於說明知識考古學進入哲學的可能性和合理性。康德使用「考古學」一詞，也許是指歷史學。歷史學使某種思想形式成為必然知識。傅科運用「考古學」的關鍵，卻在於恢復知識的內層秩序，即確定主題與對象域之間的內在關聯。尋找知識的內在關聯正是傅科學術研究的重要方向。在歐洲文化中，種種經驗都是思想的主題。傅科哲學並不排斥這些經驗，如癲狂、疾病、勞動、個體、死亡、犯罪等等。這些經驗都是人的有限性的象徵。傅科無意做一個系統的思想史家，因為他不探究思想的詳細演進過程，而是從思想的深層結構，闡明知識的可能對象如何得以出現。某種對象的確定，需要與之相適應的某種認識形式。關於對象的思想與對象的內層秩序是不同的，前者是歷史學的主題，後者則是考古學的主題。

　　在傅科所有著作中，《知識考古學》最具啟發意義，對法國哲學方法和史學理論將會有持久的影響力，不過至今，傅科學界還沒充分認識到這一點。由於傅科研究興趣廣泛，主題多變，心中又醞

---

❺　引自 Michel Foucault, "Les Monstruosité de la Critique"（〈可怕的批評〉）, in Foucault, *Dits et Ecrits 1954–1988* (tome II)（《說與寫1954–1988》第2卷）, 1994, Paris: Editions Gallimard, p. 221注。

釀著新的學術計畫，準備爬涉新的崎嶇旅程，加之為社會—政治活動耗費了大量時間與精力，因此，只發現了論說構成、論說實踐、論說的社會功能、社會—經濟構成等主題的特殊層面。傅科明確承認：知識考古學有一天會自行消失，某種新的研究方法將取而代之，事實上卻是，它並沒有完全被拋棄，而是繼續發生作用。這表明，傅科是一位大度的考古學家、嚴謹的哲學家。這，給傅科作出新的方法論選擇留下了迴旋之地，為傅科哲學通向系譜學鋪平了道路。傅科是一位努力與過去的自我思想作別的哲學家。《知識考古學》一書標誌著考古學時期的終結。傅科將再次進行另一種思考試驗。

傅科的系譜學和他的知識考古學一樣，是一種論說分析法（解釋性分析），　是反傳統史學的，也是一種新的史學方法。傅科是當代人學考古學和人學系譜學的創始人。要真正領悟傅科考古學—系譜學的思想方法論價值，這是我們中國的傅科研究者應當充分重視的，把握其精神實質。他的方法是其思想的有機組成部分。缺乏考古學—系譜學，傅科哲學便沒有魅力；忽視考古學—系譜學，便不知傅科哲學的貢獻何在。因此，我們在研究傅科哲學的思想主題時，必須關注其思考方法。

主題奇特與方法新穎，是傅科哲學的獨特風格。傅科深受尼采影響，在解讀尼采道德系譜學過程中，努力跳出尼采而創立知識考古學，後又返回尼采系譜學而建立自己的系譜學原則。我們完全可以直呼傅科為「考古學家」或「系譜學家」。　與知識考古學與尼采系譜學相比，傅科系譜學是大大擴展了的理論領域和普遍化了的哲學方法，在更廣泛的意義上解釋了權力、道德等人類經驗何以形成論說檔案，進而發現了人成為權力主體和道德主體的世系，有別於一部權力史或道德史，因此，他早年提出的知識考古學要為系譜學

服務。考古分析為系譜分析作準備。傅科對歷史（過去）進行系譜分析，是為現實（現時）找到參照系，進而把現實納入歷史之中，最終目的是重建關於現實的系譜學。傅科系譜學是對尼采系譜學的揚棄和發展。在系譜學方法指導下，傅科以權力和性慾為中心，以知識、語言、真理等為邊緣建立了政治學體系和倫理學體系。這大大拓開了歐洲當代文化的視野，開闢了一片全新的天地。

　　系譜學（還有知識考古學）打開了歷史（過去、從前存在）、現實（現時、現在存在）和將來（將來存在，將來也必成現實，進而成為歷史）之間的通道，對「歷史」或「歷史事件」作了嶄新的理解和詮釋。在傅科的思想發展過程中，傳統歷史學首先為考古學服務，然後為系譜學服務。可以說，系譜學是另一種歷史學理論，它所研究的冷僻對象構成另一個領域。它將逐漸為人們所接受。傅科的新史學方法發聵振聾，強烈地批判了歐洲傳統史學，引起了人類歷史觀和哲學方法論的重大革新，明確而系統地提出了自己的任務，揭開了現代歐洲史學理論新的一頁。可謂史學和哲學上的一次「哥白尼革命」。傅科批判歷史學（思想史），並不是為了拋棄傳統歷史學，而是向世人明示傳統歷史學的錯處。

　　傅科的考古學和系譜學，是今日法國史學理論和哲學方法的重要組成部分與轉折點。就傅科而論，這個轉折點是「檔案（論說或紀念物）」。思想史的「文獻」成了考古學和系譜學的「紀念物」。過去，考古學和系譜學為歷史學服務，現在，歷史學要為考古學和系譜學服務。有了檔案、論說、論說實踐和紀念物，考古學和系譜學走進了哲學，間斷性、基礎性、歷史先天性、奇異現象、權力—知識、性慾—知識等構成可能而必要的論題域。面對歐洲傳統史學的弊病和當代法國史學理論界的艱難處境，傅科勇於站在哲學的高度

進行反思，堅定地走自己的路，取得了驚人的思想成果。傅科的系譜學是當代法國史學家紛紛反思史學研究方法的重大理論成果之一，也許是未來最有前途的哲學方法和史學理論之一，作為一種分析方法，可以廣泛應用於人文科學和社會科學的各個領域。傅科系譜學或許可以給我國哲學界和史學界帶來活力與生機，可以給予我們當代的哲學家和歷史學家以重要啟示。

傅科年表

1926年

10月15日，出生於法國普瓦提埃(Poitiers)，本名保爾(Paul)，與其祖父和父親同名，其母為他取名米歇爾 (Michel)，家人都叫他保爾–米歇爾(Paul-Michel)，傅科自己則偏愛Michel這個名字。父親保爾‧傅科，普瓦提埃城外科醫生和當地醫學院解剖學教授。母親安娜‧傅科是普瓦提埃城一外科醫生之女。保爾–米歇爾在普城度過童年和少年時代。

1930–1940年

在普瓦提埃亨利中學讀完小學和初中。

1940年

離開亨利四世中學，轉入聖斯塔尼斯拉教會高級中學就讀。

1945年

秋，北上巴黎，進入巴黎亨利四世中學文科預備班，結識在該校教哲學的法國新黑格爾主義者伊波利特。

1946年

考取巴黎高等師範學校，認識結構主義馬克思主義者阿圖塞，深受阿圖塞的影響，特別是在阿氏引導下加入法國共產黨。

1947年

里昂大學心理學教授梅洛－龐蒂，來巴黎高師講學並輔導學生作論文，其演講決定了傅科的論文選題〈後笛卡兒心理學的產生〉。

1948年

獲哲學學士學位。

1949年

師從著名醫生、精神分析學家和巴黎大學文學院教授拉加施，研習普通心理學和社會心理學，獲心理學學士學位。

1951年

取得法國大學與中學哲學教師學銜，到法國國家科學研究中心準備博士論文，應老師阿圖塞之邀去巴黎高師上心理學課，結識阿氏的朋友維伊曼教授且深受其澤。

1952年

獲得巴黎心理學研究所心理病理學文憑，到里爾大學文學院任助教。和韋爾多一起拜訪瑞士病理學家、精神分析學家庫恩和班斯旺熱，同遊佛羅倫斯、威尼斯等地。

1953年

夏，開始認真研讀尼采著作，參加拉崗主持的研究班，脫黨，尼采主義對他的影響越來越大。在思想道路和政治傾向上，與阿圖塞分道揚鑣，但私誼依舊。

1954年

出版《精神病與人格》，該書在1962年又以《精神病與心理學》為名重版。

1955年

夏，赴瑞典烏普薩拉大學執教，直到1958年。在烏大期間熱情

接待了來此講學的法國知名人物，如伊波利特、杜拉斯、西蒙、孟岱・法蘭西、卡繆、巴爾特等。

1956年

和杜梅齊爾在烏普薩拉大學相識，杜氏是法蘭西學院教授和著名的印歐神話學家。

1957年

在努力傳播法蘭西文化之餘，完成博士論文初稿《精神病學史》(即後來的《癲狂與非理性 —— 古典時代癲狂的歷史》)，明確把癲狂和非理性結合起來。

1958年

就任波蘭華沙大學法國中心主任，做了一年法國駐華沙使館的文化參贊，重寫博士論文。

1959年

就任德國漢堡法國研究所主任，翻譯康德《實用人類學》(1970年出版)。

1960年

終於完成了博士論文，擬請伊波利特任論文導師，伊氏卻請傅科把主論文《癲狂與非理性》送康吉漢指導，康氏欣然答應；撰著副論文《康德人類學的產生和結構》(伊氏任副論文導師)，任克萊蒙–費朗大學心理學講師。

1961年

博士論文《癲狂與非理性 —— 古典時代癲狂的歷史》被伽利瑪出版社拒絕 (1972年該出版社以《古典時代癲狂的歷史》為題再版)，由普隆出版社出版，5月20日通過國家博士論文答辯而獲國家博士學位。

1962年

秋，被任命為克萊蒙－費朗大學哲學系心理學教授，任哲學系主任，直到1965年。《癲狂與非理性——古典時代癲狂的歷史》獲國家科學研究中心銅獎。建議德勒茲接替維伊曼的教職，因維氏已選入法蘭西學院，最後卻是法共中央委員會成員加羅蒂接替了維氏。與德勒茲過往甚密。

1963年

出版《診所的誕生》和《雷蒙・魯塞爾》，前書將他限於癲狂的分析推廣到醫學領域，後書顯示了自己的文學才能。開始思考符號問題，擬寫一本關於符號的書，即後來的《詞與物》。

1965年

去巴西聖保羅大學講學。同康吉漢、里柯等人討論「哲學與心理學」、「哲學與真理」問題，進一步從普遍性高度來指導研究工作。

1966年

秋，任突尼斯大學哲學教授。出版《詞與物——人文科學考古學》，本書對人文科學進行考古學批判，獲得巨大成功，它宣布：上帝死了，人也死了；本書認為，結構主義並不是什麼新穎的思想，古典時代的思想家早已是結構主義者，今天的結構主義只不過是古典意識在現代文化裡的覺醒。

1967年

被選為南泰爾大學（巴黎第十大學）哲學教授，但國家教育部長佩雷菲特遲遲不發批文，遂返回突尼斯大學繼續工作，同時撰寫《黑與色》（未問世）。

1968年

參加突尼斯大學學生運動，後歸國參與創建樊尚實驗大學中心（即巴黎第八大學）， 任哲學系負責人，招聘了當時法國哲學界精英人才，如德勒茲、塞爾、巴里巴爾、夏特勒以及阿圖塞和拉崗的門徒、青年哲學家、尤其是《分析雜誌》創辦組成員。

1969年

樊尚大學於1月正式行課，開學不久學校鬧學潮。在學潮中，與警察發生衝突而被捕，不過在警察局僅被關了一夜，認識到這是一次「政治權力」和「政治活動」的嘗試。2月開設兩門課程：「性與個人」和「尼采與系譜學」。出版《知識考古學》，知識考古學得以系統化。戰勝里柯、貝拉瓦爾而當選為伊波利特教席繼承人——法蘭西學院思想體系史教授。

1970年

4月，正式被任命為法蘭西學院教授，12月，發表就職演說，題為《論說秩序》， 從此，每週三上午在學院講授「思想體系史」（直到1984年去世為止）， 首先講「知識意志」。 第一次赴美國和日本講學。

1971年

在法蘭西學院講授「刑罰理論與機構」。發表重要論文〈尼采、系譜學和歷史學〉，建立系譜學方法。與歷史學家維達爾－納凱、《精神》雜誌編輯多梅納克共同創建了監獄調查小組(G. I. P.)，發表了成立宣言。以這個小組的名義，團結了一批社會名流，如電影明星蒙唐和西尼奧雷、哲學家德勒茲和讓凱萊維茲、《費加羅報》記者其里亞克等，走上街頭，參加遊行並發表演說，反對當局暴政，主張讓犯人自己發表意見，而不是代犯人言。

1972年

在法蘭西學院講授「懲罰社會」。 赴美演講，參觀紐約阿蒂卡監獄。年底，監獄調查小組宣布解散。

1973年

在法蘭西學院講授「精神病學權力」， 出版《我，皮埃爾·里維葉爾殺害了我的母親、姐妹和兄弟……》，闡述了十九世紀弒父母罪。

1974年

在法蘭西學院講授「反常現象」。

1975年

在法蘭西學院講授「應當保衛社會」，到美國柏克萊大學講學。出版《監視與懲罰 —— 監獄的誕生》，試圖透過懲罰肉體程序和刑罰機構等社會現象，找到權力的本質。開始為《性慾史》一書的問世做準備。到巴西聖保羅大學、哥倫比亞大學等地講學，內容涉及精神病學化、反精神病學、醫學、暴力、精神病學等主題。向法蘭西學院提議為巴爾特設立文學符號學教席。

1976年

和德勒茲交惡，十四年的友誼毀於朝夕。出版《性慾史》第一卷：《知識意志》。

1977年

在法蘭西學院講授「安全、國土和人口」。 3月，《詞與物》俄語版在莫斯科出版，在蘇聯引起強烈回響。《監視與懲罰》一書受到大批判。

1978年

在法蘭西學院講授「生物政治的誕生」， 標誌著他的興趣轉向

了統治性，讓人耳目一新。開始寫作《性慾史》第二卷，思考基督教的肉慾觀念，試圖構建色慾系譜。4 月，再次東渡日本講學。經常閱讀康德關於歷史的小冊子，特別是康德啟蒙觀。5月出版《埃居麗納・巴班，綽號叫亞歷克納B》一書，考察亞歷克納B的兩性畸形病例，始終沒有放棄精神病學研究。夏天，在家門口被汽車撞成顱傷，得偏頭痛。這給他帶來了死亡恐懼。

1979年

在法蘭西學院講授「活人的統治」。

1980年

在法蘭西學院講授「真理與主體性」， 考察性慾和自我技術的基督教經驗。

1981年

在法蘭西學院講授「主體解釋學」。

1982年

擬在法蘭西學院講授「自我和他人的統治」。出版《家亂》。

1983年

擬在法蘭西學院講授「自我和他人的統治：真理的勇氣」。

1984年

1 月接受抗生素治療，3 月，定期上塔爾尼葉醫院檢查，4 月繼續撰寫《性慾史》第四卷《肉慾的供詞》手稿。

5月14日出版《快感的享用》。

5月29日在家中接受了一生中最後一次學術採訪。

6月2日，病倒在家，入附近診所，第八天轉進薩爾佩特利耶爾醫院，經診斷身患愛滋病，仍堅持校對《自我的關切》清樣，修改《肉慾的供詞》。

6月25日下午一時十五分，病逝於薩爾佩特利耶爾醫院，享年
58歲。

6月29日安葬於旺德弗爾墓地。

參考文獻

傅科著作

一、專 著

1. *Maladie Mentale et Personnalité*（《精神病與人格》）, 1954, Paris: Presses Universitaires de France, 1962年重版時改名為*Maladie Mentale et Psychologie*（《精神病與心理學》）。

2. *Naissance de la Clinique: Une archéologie du regard médical*（《診所的誕生──醫學凝視考古學》）, 1988, Paris: Quadrige | Presses Universitaires de France。

3. *Raymond Roussel*（《雷蒙‧魯塞爾》）, 211頁, 1963, Paris: Editions Gallimard（1992年重版）。

4. *Les Mots et les Choses: Une archéologie des sciences humaines*（《詞與物──人文科學考古學》）, 400頁, 1966, Paris: Editions Gallimard。

5. *L'Ordre du Discours*（《論說秩序》）, 81頁, 1971, Paris: Editions Gallimard。

6. *L'Archéologie du Savoir*（《知識考古學》）, 275頁, 1969, Paris:

Editions Gallimard.

7. *Surveiller et Punir: Naissance de la prison*（《監視與懲罰——監獄的誕生》），318頁, 1975, Paris: Editions Gallimard。

8. *La Volonté de Savoir*（《知識意志》），213頁, 1976, Paris: Editions Gallimard。

9. *L'Usage des Plaisirs*（《快感的享用》），285頁, 1984, Paris: Editions Gallimard。

10. *La Pensée du Dehors*（《域外之思》），1986, Montpellier: Editions Fata Morgana。

11. *Résumé des Cours 1970–1982*（《法蘭西學院講義概要》），166頁, 1989, Paris: Julliard。

12. *Dits et Ecrits 1954–1988* (tome I)（《說與寫 1954–1988》第1卷第13–64頁），1994, Paris: Editions Gallimard。

13. *Dits et Ecrits 1954–1988* (tome II)（《說與寫 1954–1988》第2卷第13–64頁），1994, Paris: Editions Gallimard。

14. *Dits et Ecrits 1954–1988* (tome III)（《說與寫 1954–1988》第3卷第13–64頁），1994, Paris: Editions Gallimard。

15. *Dits et Ecrits 1954–1988* (tome IV)（《說與寫 1954–1988》第4卷第13–64頁），1994, Paris: Editions Gallimard。

二、譯　作

16. L'Anthropologie（《人類學》，康德著，從未出版，其打印稿一直存於索邦大學圖書館。）

三、序　言

17. Introduction (Binswanger, Le Rêve et l'Existence)（班斯旺熱《夢與在・序》1954），in Foucault, *Dits et Ecrits 1954–1988* (tome

I)（《說與寫 1954–1988》第 1 卷），1994, Paris: Editions Gallimard。

18. Préface, Folie et Deraison: Histoire de la folie à l'âge classique（《癲狂與非理性——古典時代癲狂的歷史》序），1961, Paris: Plon。

19. Préface, Naissance de la Clinique: Une archéologie du regard médical（《診所的誕生——醫學凝視考古學》序），1988, Paris: Quadrige ǀ Presse Universitaires de France。

四、論　文

20. La Recherche Scientifique et la Psychologie（〈科學探索與心理學〉），Nouvelle Recherche, No; 13, 1957。

21. Préface à la Transgression（〈違犯緒論〉）(Critique, No; 195–196: Hommage à G. Bataille, août-septembre 1963), in Foucault, *Dits et Ecrits 1954–1988* (tome I)（《說與寫 1954–1988》第 1 卷），1994, Paris: Editions Gallimard。

22. Sur l'Archéologie des Sciences. Réponse au Cercle d'Epistémologie（〈論科學考古學——回答認識論協會〉）, *Les Cahiers pour l'Analyse,* No; 9, été 1968。

23. Titres et Travaux（《題目與工作》 1969），in Foucault, *Dits et Ecrits 1954–1988* (tome I)（《說與寫 1954–1988》第 1 卷），1994, Paris: Editions Gallimard。

24. Les Monstruosité de la Critique（〈可怕的批評〉 1971），in Foucault, *Dits et Ecrits 1954–1988* (tome II)（《說與寫 1954–1988》第2卷），1994, Paris: Editions Gallimard。

25. Nietzsche, la Généalogie, l'Histoire（〈尼采、系譜學和歷史學〉

1971），in Foucault, *Dits et Ecrits 1954–1988* (tome II)（《說與寫1954–1988》第2卷），1994, Paris: Editions Gallimard。

26. Théorie et Institutions Pénales（〈刑罰理論與機構〉1971），in Foucault, *Résumé des Cours 1970–1982*（《法蘭西學院講義概要》），1989, Paris: Julliard。

27. A propos de la Généalogie de l'Ethique: Un aperçu du travail en cours（〈關於道德系譜學: 目前工作概述〉1983），in Foucault, *Dits et Ecrits 1954–1988* (tome IV)（《說與寫 1954–1988》第4卷），1994, Paris: Editions Gallimard。

28. Qu'est-ce que les Lumières?（〈何謂啟蒙?〉 1984），in Foucault, *Dits et Ecrits 1954–1988* (tome IV)（《說與寫 1954–1988》第4卷），1994, Paris: Editions Gallimard。

29. Deux Essais sur le Sujet et le Pouvoir（〈兩論主體與權力〉）, in Hubert Dreyfus & Paul Rabinow, *Michel Foucault, Un parcours philosophique*（《米歇爾・傅科的哲學道路》法文版），1984, Paris: Editions Gallimard。

五、訪談錄

30. La folie n'existe que dans une société (entrtien avec J.-P. Weber)（〈癲狂只存在於社會之中〉）, Le Monde, No; 5135, 22 juillet 1961。

31. Philosophie et Psychologie（〈哲學與心理學〉1965），in Foucault, *Dits et Ecrits 1954–1988* (tome I)（《說與寫 1954–1988》第 1卷），1994, Paris: Editions Gallimard。

32. Michel Foucault, Les Mots et les Choses（〈米歇爾・傅科，「詞與物」〉1966），in Foucault, *Dits et Ecrits 1954–1988* (tome I)

《說與寫1954–1988》第1卷）, 1994, Paris: Editions Gallimard。

33. L'homme est-il mort? （〈人死了嗎?〉1966）, in Foucault, *Dits et Ecrits 1954–1988* (tome I)（《說與寫 1954–1988》第 1 卷）, 1994, Paris: Editions Gallimard。

34. Qui êtes-vous, professeur Foucault? （〈傅科教授，您是誰?〉1967）, in Foucault, Dits et Ecrits 1954–1988 (tome I)（《說與寫1954–1988》第1卷）, 1994, Paris: Editions Gallimard。

35. Michel Foucault explique son dernier livre L'Archéologie du Savoir（〈米歇爾・傅科解釋他新著「知識考古學」〉1969）, in Foucault, *Dits et Ecrits 1954–1988* (tome I)（《說與寫 1954–1988》第1卷）, 1994, Paris: Editions Gallimard。

36. Entretien avec Michel Foucault (1971)（〈傅科訪談錄(1971)〉）, in Foucault, *Dits et Ecrits 1954–1988* (tome II)（《說與寫 1954–1988》第2卷）, 1994, Paris: Editions Gallimard。

37. Les Problèmes de la Culture（〈文化問題〉1972）, in Foucault, *Dits et Ecrits 1954–1988* (tome II)（《說與寫1954–1988》第2卷）, 1994, Paris: Editions Gallimard。

38. Entretien sur la Prison: le livre et sa méthode（〈關於監獄的對話: 書及其方法〉1975）, in Foucault, *Dits et Ecrits 1954–1988* (tome II)（《說與寫1954–1988》第2卷）, 1994, Paris: Editions Gallimard。

39. Entrevista con Michel Foucault（〈傅科訪談錄〉）, in Foucault, *Dits et Ecrits 1954–1988* (tome II)（《說與寫1954–1988》第2卷）, 1994, Paris: Editions Gallimard, p. 157。

40. Le Retour de la Morale（〈道德的回歸〉）, Les Nouvelles litté-

raires, Nọ; 2937, 28 juin–5 juillet 1984。

傅科研究文獻

一、專　著

41. Alan Sheridan, *Discours, Sexualité et Pouvoir*（《論說、性慾和權力》法文版），1985, Liège: Pierre Mardaga。

42. La CFDT, *Michel Foucault*（《米歇爾・傅科》），127頁, 1985, Paris: Editions Syros。

43. Gilles Deleuze, *Foucault*（《傅科》），1986, Paris: Les Editions de Minuit。

44. Didier Eribon, *Michel Foucault*（《米歇爾・傅科》），402頁, 1989, Paris: Editions Flammarion。

45. Hubert Dreyfus & Paul Rabinow, *Michel Foucault, Un parcours philosophique*（《米歇爾・傅科的哲學道路》法文版），1984, Paris: Editions Gallimard。

二、序　言

46. Pierre Macherey, Présentation（〈前言〉）, in Michel Foucault, *Raymond Roussel*（《雷蒙・魯塞爾》），1992, Paris: Editions Gallimard (foilo\essais)。

三、論　文

47. Gilles Deleuze, "Foucault and Prison"（《傅科與監獄》）, *History of the Present*, Nọ; 2 Printemps 1986。

48. Pierre Macherey, Aux Sources de l' Histoire de la Folie（「瘋狂史」的緣起），*Critique*, août-septembre 1988。

49.Daniel Defert, Chronologie（《傅科年譜》）, in Foucault, *Dits et Ecrits 1954–1988* (tome I)（《說與寫 1954–1988》第 1 卷第 13–64頁）, 1994, Paris: Editions Gallimard。

四、刊　物

50.*Le monde*（《世界報》）, 22 juillet 1961。

51.*Le monde*（《世界報》）, 21 février 1975。

52.*Magazine littéraire*（《文學雜誌》）, N̲o̲. 101, mai 1975。

53.*Magazine littéraire*（《文學雜誌》）, N̲o̲. 207, mai 1984。

54.*Critique*（《批評》）, N̲o̲. 471–472, août-septembre 1986。

55.*Le débat*（《爭鳴》）, N̲o̲. 41, septembre-novembre 1986。

56.*Revue internationale de philosophie*（《國際哲學雜誌》）, N̲o̲. 173, février 1990。

其他研究文獻

一、專　著

57. Plato, *République*（《理想國》法文版）, Livre IX, 572c–573d, Garnier。

58.Aristote, *Ethique à Nicomaque VII, 13*（《尼科馬可倫理學》法文版）, Trad. J. Tricot, Paris: Vrin。

59. Baruch Spinoza, *Ethique, Troisième partie, Définitions des Sentiments: I,*（《倫理學》法文版）Trad. R. Caillois, 1954, Paris: Pléiade Gallimard。

60. Baruch Spinoza, *Œuvres I*（《著作I》法文版）, Trad. Charles Appuhn, 1964, Paris: Flammarion。

61. Edmund Husserl, *La Philosophie comme Science Rigoureuse* (《哲學作為嚴格科學》1910），90頁，1989（法文版），Paris: Presses Universitaires de France。

62.Emile-Auguste Alain, *Sentiment, Passion et Signes* (《意識、情感與符號》），1931, Paris: Gallimard。

63. Jean Hyppolite, *Genèse et Structure de la Phénoménologie de l'Esprit* (《精神現象學的產生和結構》），1946, Paris: Aubier。

64. Emmanuel Kant, *Rêves d'un Visionnaire* (《幻想者之夢》法文版），1967, Paris: Vrin。

65.Sigmund Freud, *Malaise dans la Civilisation* (《文明的貧困》），Trad. Ch. et J. Odier, 1971, Paris: Presses Universitaires de France。

66. Charles Fourier, *Le Nouveau Monde Industriel et Sociétaire* (《新型工業世界與社會》），1972, Ed. Anthropos。

67. René Descartes, Méditations Métaphisiques, Première Méditation (《形而上學沈思——第一沈思》法文版）。

68. Blaise Pascal, *Pensées* (《思想錄》），col. Pléiade, 1976, Paris: Gallimard。

69.E. Kant, *Logik* (《邏輯學》)(Werke, éd. Cassirer, T. VIII, p. 343)。

70.黑格爾：《精神現象學》(下卷），賀麟、王玖興譯，1979，北京：商務印書館。

71.Martin Heidegger, *Etre et Temps* (《存在與時間》1927），1986(法文版），Paris: Editions Gallimard。

72. Georges Bataille, *Œuvres Complètes* (《著作全集》），T. VIII, Paris: Les Editions de Minuit。

73.Yvon Brès, *La Souffrance et le Tragique*（《痛苦與悲劇》）, 1992, Paris: Presses Universitaires de France。

74.Nass, Libby和Fisher,《性知識精華》, 程嘉驥等編譯, 1994, 廣州: 暨南大學出版社, 1994年版。

二、論　文

75.特倫斯・鮑爾:〈權力〉, 鄧正來主編:《布萊克維爾政治百科全書》, 1992, 北京: 中國政法大學出版社。

索 引

人名索引

三　劃

四　劃

八　劃

九　劃

十二劃

蘭東(Mathieu Lindon)　47

蘭德洛(Stirn Lindroth)　19

術語索引

二　劃

九　劃

十　劃

十三劃

二十五劃

世界哲學家叢書（一）

書　　　　　　名	作　　者	出　版　狀　況
孔　　　　　　子	韋　政　通	已　　出　　版
孟　　　　　　子	黃　俊　傑	已　　出　　版
荀　　　　　　子	趙　士　林	已　　出　　版
老　　　　　　子	劉　笑　敢	已　　出　　版
莊　　　　　　子	吳　光　明	已　　出　　版
墨　　　　　　子	王　讚　源	已　　出　　版
公　孫　龍　子	馮　耀　明	排　　印　　中
韓　　　　　　非	李　甦　平	已　　出　　版
淮　　南　　子	李　　增	已　　出　　版
董　　仲　　舒	韋　政　通	已　　出　　版
揚　　　　　　雄	陳　福　濱	已　　出　　版
王　　　　　　充	林　麗　雪	已　　出　　版
王　　　　　　弼	林　麗　真	已　　出　　版
郭　　　　　　象	湯　一　介	已　　出　　版
阮　　　　　　籍	辛　　旗	已　　出　　版
劉　　　　　　勰	劉　綱　紀	已　　出　　版
周　　敦　　頤	陳　郁　夫	已　　出　　版
張　　　　　　載	黃　秀　璣	已　　出　　版
李　　　　　　覯	謝　善　元	已　　出　　版
楊　　　　　　簡	鄭　曉　江 李　承　貴	已　　出　　版
王　　安　　石	王　明　蓀	已　　出　　版
程　顥　、　程　頤	李　日　章	已　　出　　版
胡　　　　　　宏	王　立　新	已　　出　　版
朱　　　　　　熹	陳　榮　捷	已　　出　　版
陸　　象　　山	曾　春　海	已　　出　　版

世界哲學家叢書 (二)

書　　　　名	作　　者	出　版　狀　況
王　　廷　　相	葛　榮　晉	已　　出　　版
王　　陽　　明	秦　家　懿	已　　出　　版
李　　卓　　吾	劉　季　倫	已　　出　　版
方　　以　　智	劉　君　燦	已　　出　　版
朱　　舜　　水	李　甦　平	已　　出　　版
戴　　　　震	張　立　文	已　　出　　版
竺　　道　　生	陳　沛　然	已　　出　　版
慧　　　　遠	區　結　成	已　　出　　版
僧　　　　肇	李　潤　生	已　　出　　版
吉　　　　藏	楊　惠　南	已　　出　　版
法　　　　藏	方　立　天	已　　出　　版
惠　　　　能	楊　惠　南	已　　出　　版
宗　　　　密	冉　雲　華	已　　出　　版
永　明　延　壽	冉　雲　華	已　　出　　版
湛　　　　然	賴　永　海	已　　出　　版
知　　　　禮	釋　慧　岳	已　　出　　版
嚴　　　　復	王　中　江	已　　出　　版
康　　有　　為	汪　榮　祖	已　　出　　版
章　　太　　炎	姜　義　華	已　　出　　版
熊　　十　　力	景　海　峰	已　　出　　版
梁　　漱　　溟	王　宗　昱	已　　出　　版
殷　　海　　光	章　　　清	已　　出　　版
金　　岳　　霖	胡　　　軍	已　　出　　版
張　　東　　蓀	張　耀　南	已　　出　　版
馮　　友　　蘭	殷　　　鼎	已　　出　　版

世界哲學家叢書（三）

書　　　　　名	作　　　者	出　版　狀　況
牟　　宗　　三	鄭　家　棟	排　　印　　中
湯　　用　　彤	孫　尚　揚	已　　出　　版
賀　　　　麟	張　學　智	已　　出　　版
商　　羯　　羅	江　亦　麗	已　　出　　版
辨　　　　喜	馬　小　鶴	已　　出　　版
泰　　戈　　爾	宮　　　靜	已　　出　　版
奧羅賓多・高士	朱　明　忠	已　　出　　版
甘　　　　地	馬　小　鶴	已　　出　　版
尼　　赫　　魯	朱　明　忠	已　　出　　版
拉達克里希南	宮　　　靜	已　　出　　版
李　　栗　　谷	宋　錫　球	已　　出　　版
空　　　　海	魏　常　海	排　　印　　中
道　　　　元	傅　偉　勳	已　　出　　版
山　鹿　素　行	劉　梅　琴	已　　出　　版
山　崎　闇　齋	岡　田　武　彥	已　　出　　版
三　宅　尚　齋	海老田輝巳	已　　出　　版
貝　原　益　軒	岡　田　武　彥	已　　出　　版
荻　生　徂　徠	王　　祥　　齡 劉　　梅　　琴	已　　出　　版
石　田　梅　岩	李　甦　平	已　　出　　版
楠　本　端　山	岡　田　武　彥	已　　出　　版
吉　田　松　陰	山　口　宗　之	已　　出　　版
中　江　兆　民	畢　小　輝	已　　出　　版
蘇格拉底及其先期哲學家	范　明　生	排　　印　　中
柏　　拉　　圖	傅　佩　榮	已　　出　　版
亞　里　斯　多　德	曾　仰　如	已　　出　　版

世界哲學家叢書 (四)

書　　　　　名	作　　者	出　版　狀　況
伊　壁　鳩　魯	楊　　適	已　　出　　版
愛　比　克　泰　德	楊　　適	排　　印　　中
柏　　羅　　丁	趙　敦　華	已　　出　　版
伊　本・赫　勒　敦	馬　小　鶴	已　　出　　版
尼　古　拉・庫　薩	李　秋　零	已　　出　　版
笛　　卡　　兒	孫　振　青	已　　出　　版
斯　賓　諾　莎	洪　漢　鼎	已　　出　　版
萊　布　尼　茨	陳　修　齋	已　　出　　版
牛　　　　頓	吳　以　義	排　　印　　中
托　馬　斯・霍　布　斯	余　麗　嫦	已　　出　　版
洛　　　　克	謝　啓　武	已　　出　　版
休　　　　謨	李　瑞　全	已　　出　　版
巴　　克　　萊	蔡　信　安	已　　出　　版
托　馬　斯・銳　德	倪　培　民	已　　出　　版
梅　　里　　葉	李　鳳　鳴	已　　出　　版
狄　　德　　羅	李　鳳　鳴	排　　印　　中
伏　　爾　　泰	李　鳳　鳴	已　　出　　版
孟　德　斯　鳩	侯　鴻　勳	已　　出　　版
施　萊　爾　馬　赫	鄧　安　慶	已　　出　　版
費　　希　　特	洪　漢　鼎	已　　出　　版
謝　　　　林	鄧　安　慶	已　　出　　版
叔　　本　　華	鄧　安　慶	已　　出　　版
祁　　克　　果	陳　俊　輝	已　　出　　版
彭　　加　　勒	李　醒　民	已　　出　　版
馬　　　　赫	李　醒　民	已　　出　　版

世界哲學家叢書（五）

書　　　　　　名	作　　　者	出　版　狀　況
迪　　　　　　昂	李　醒　民	已　　出　　版
恩　　格　　斯	李　步　樓	已　　出　　版
馬　　克　　思	洪　鎌　德	已　　出　　版
約　翰　彌　爾	張　明　貴	已　　出　　版
狄　　爾　　泰	張　旺　山	已　　出　　版
弗　洛　伊　德	陳　小　文	已　　出　　版
史　賓　格　勒	商　戈　令	已　　出　　版
韋　　　　　　伯	韓　水　法	已　　出　　版
雅　　斯　　培	黃　　藿	已　　出　　版
胡　　塞　　爾	蔡　美　麗	已　　出　　版
馬克斯・謝勒	江　日　新	已　　出　　版
海　　德　　格	項　退　結	已　　出　　版
高　　達　　美	嚴　　平	已　　出　　版
盧　　卡　　奇	謝　勝　義	排　　印　　中
哈　伯　馬　斯	李　英　明	已　　出　　版
榮　　　　　　格	劉　耀　中	已　　出　　版
皮　　亞　　傑	杜　麗　燕	已　　出　　版
索　洛　維　約　夫	徐　鳳　林	已　　出　　版
費　奧　多　洛　夫	徐　鳳　林	已　　出　　版
別　爾　嘉　耶　夫	雷　永　生	已　　出　　版
馬　　賽　　爾	陸　達　誠	已　　出　　版
阿　　圖　　色	徐　崇　溫	已　　出　　版
傅　　　　　　科	于　奇　智	已　　出　　版
布　拉　德　雷	張　家　龍	已　　出　　版
懷　　特　　海	陳　奎　德	已　　出　　版

世界哲學家叢書（六）

書　　　　　名	作　　者	出　版　狀　況
愛　因　斯　坦	李　醒　民	已　　出　　版
皮　爾　遜	李　醒　民	已　　出　　版
玻　　　　爾	戈　　革	已　　出　　版
弗　雷　格	王　　路	已　　出　　版
石　里　克	韓　林　合	已　　出　　版
維　根　斯　坦	范　光　棣	已　　出　　版
艾　耶　爾	張　家　龍	已　　出　　版
奧　斯　丁	劉　福　增	已　　出　　版
史　陶　生	謝　仲　明	已　　出　　版
馮　・　賴　特	陳　　波	已　　出　　版
赫　　　　爾	孫　偉　平	已　　出　　版
愛　默　生	陳　　波	已　　出　　版
魯　一　士	黃　秀　璣	已　　出　　版
普　爾　斯	朱　建　民	已　　出　　版
詹　姆　士	朱　建　民	已　　出　　版
蒯　　　　因	陳　　波	已　　出　　版
庫　　　　恩	吳　以　義	已　　出　　版
史　蒂　文　森	孫　偉　平	已　　出　　版
洛　爾　斯	石　元　康	已　　出　　版
海　耶　克	陳　奎　德	已　　出　　版
喬　姆　斯　基	韓　林　合	已　　出　　版
馬　克　弗　森	許　國　賢	已　　出　　版
尼　布　爾	卓　新　平	已　　出　　版